L'ABBÉ GARDES

Une Journée

A

Lourdes, si tu n'es pas le Ciel, tu nous en fais goûter les charmes.

PRIX : 3 fr. 50, *franco.*

EN VENTE

A PARIS
Charles AMAT
11, rue Cassette, 11

A TOULOUSE
Impr. St-CYPRIEN
Allée de Garonne, 27

CHEZ L'AUTEUR
Curé de Sainte-Sabine
(*Tarn-et-Garonne*)

JE SUIS L'IMMACULÉE CONCEPTION

Une Journée

A

LOURDES

L'ABBÉ GARDES

UNE JOURNÉE

A

LOURDES

Lourdes, si tu n'es pas le Ciel, tu
nous en fais goûter les charmes.

**Lourdes. — Ses Monuments.
Ses Richesses. — Ses Foules. — Ses Fêtes.
Sa Supériorité incontestable. — Son lien
étroit avec la France.**

TOULOUSE
IMPRIMERIE SAINT-CYPRIEN
27, ALLÉES DE GARONNE, 27

1901

Avant-Propos

Dans le cours d'une existence humaine, et quelquefois d'un unique voyage, quelle variété d'impressionnants tableaux !

Plus spécialement, les montagnes sont le théâtre heureux où l'on va secouer, de temps en temps, ce que certains auteurs appellent le virus des grandes villes, et qui peut être encore celui d'un travail intellectuel trop absorbant.

Au contact de cette puissante poésie que l'on y respire avec l'air vivifiant des grandes altitudes, on sent se retremper l'âme et se dilater le cœur.

*
* *

Un éminent physicien anglais nous confesse, en style imagé, et avec l'humour propre à ceux de sa classe, que c'est au milieu des montagnes que, chaque année, il va renouveler son bail avec la vie et rétablir l'équilibre entre les forces cérébrales et les rouages du corps.

*
* *

J'évoque, d'autre part, l'autorité d'un disciple d'Hippocrate, M. Lortet, professeur à l'Ecole de médecine, à Lyon :

« Que ceux qui ont besoin de refaire leurs forces épuisées par la fièvre d'un travail incessant et impitoyable ; que ceux qui aiment encore le grand et le beau, le calme et le silence, prennent le bâton du montagnard et aillent, sur les hauteurs, respirer en liberté l'air pur des forêts et des glaciers.

S'ils ne reviennent mieux portants, plus dispos et plus heureux, qu'ils renoncent à toute médication : leur mal est incurable. »

*
* *

Pour bénéficier, à mon tour, d'un aussi salutaire régime, salutaire surtout lorsque le mal en est encore à la phase bénigne, j'avais pris, en août, le chemin des Pyrénées, et, pendant deux semaines d'ineffable détente, je pus jouir, tout à mon aise, des attraits de Luchon et m'adonner, avec une véritable « furia », aux excursions que ménage libéralement un si pittoresque pays ; ce pays aux vallées profondes, aux monts escarpés, aux pics sublimes.

Nommons le géant de la crête, la Maladetta.

*
* *

Au sein de cette nature torturée, Dieu sait ! peut-on rêver plus frais, plus riant et plus poétique que le val du Lis ! —

Et les monstrueux ressauts du torrent, formant une série d'imposantes cascades, l'une dénommée cascade d'Enfer (et ici, que l'on ne s'y trompe pas, — les noms peignent les choses), avec le pont du Diable à la naissance de sa chute, et le gouffre à deux ou trois cents brasses dans les profondeurs de l'abîme.

*
* *

Et le lac d'Oô, aux eaux glacées et cristallines, d'un ton émeraude et azur, admirable vasque au tréfonds mystérieux et qu'alimente une merveilleuse nappe d'eau tombant, d'un promontoire élevé, à la façon d'une longue bande qu'on dirait taillée dans la mousseline gazeuse, et que le plus léger zéphyr tient si facilement dans un balancement ininterrompu.

*
* *

Il fallait compléter la médication régénératrice par un nouveau séjour à Cauterets.

*
* *

De là encore, je devais porter mes pas — oh! sur un terrain autrement moins agreste — sur l'asphalte de la première ville du monde.

Paris, avec tout son brillant de l'Exposition, devait me captiver pendant une bonne quinzaine.

*
* *

Dans l'intervalle, et suivant l'indication topographique de mon itinéraire dévoilé, une nouvelle cité pyrenéenne devait se rencontrer sous mes pas.

Le cas était prévu et n'était même pas l'un des

moins puissants motifs de mes pérégrinations dans le Midi extrême de doulce France, — j'ai nommé Lourdes.

Je me suis remémoré depuis les divers incidents du multiple voyage ; j'ai étudié et comparé en toute conscience, et, à mon propre étonnement, j'ai dû en arriver à cette conclusion inattendue jusque-là et aujourd'hui devenue pour mes esprits parfaitement obsédante :

Une journée à Lourdes n'a pas d'égale ailleurs, ce qui nous ramène à l'une des cantates eucharistiques :

> Un seul moment qu'on passe dans ton temple
> Vaut mieux qu'un siècle aux palais des mortels.

*
* *

Cette vérité est devenue pour moi à tel point saisissante que, débordant de mon âme, il a fallu en laisser inonder ces pages.

Dictées par le cœur, et sous les auspices de Marie, puissent-elles plaire à de nombreux lecteurs et leur inspirer un amour de plus en plus grandissant pour la rayonnante Reine qui nous témoigne, de son côté, ses sollicitudes et son attachement maternels, dépensant, en notre faveur, tout son crédit et toute sa puissance de Médiatrice céleste.

*
* *

Une journée à Lourdes — lisez une journée dérobée au ciel, — tel le thème de la présente brochure.

CHAPITRE I

Lourdes

ET SES

Monuments

Une Journée à Lourdes

I

LE BÉNI SANCTUAIRE
SES MONUMENTS ET SES PLACES

Je fis donc l'arrêt projeté dans cette ville de Lourdes, si subitement sortie de sa médiocrité séculaire pour devenir le terrain classique du miracle et la rive où viennent se ruer, avec un indicible enthousiasme, les flots humains échappés des divers continents du globe.

*
* *

En présence de ce fait si éminemment merveilleux et tout contemporain, l'esprit même le plus rebelle s'arrête interdit :

« La Dame céleste », à la ceinture d'azur, aux pieds nus recouverts de roses d'or ;

L'ignorante et craintive enfant que nous représente Bernadette ;

Les foules de plus en plus empressées, que nulles tracasseries policières ne peuvent déconcerter ;

Et, planant au-dessus de tout, le surnaturel qui s'affirme et se démontre par des miracles sans nombre... Quel sujet à réflexions! et comme il faut, de toute rigueur, s'incliner sous l'avalanche des célestes attestations dont la glorieuse trame ne paraît pas être arrivée encore au bout de son rouleau!

Oui, l'Immaculée a vaincu ; elle triomphe, car, conformément à ses volontés expresses, le monde entier se déverse aux pieds des roches Massabielle,

Et, sur ces roches, se dresse la plus riche, la plus riante, la plus grandiose des basiliques, dépassant, dès l'aurore de son règne, la renommée de tous les temples sacrés dont il est fait mention dans les annales des peuples.

Et quels soudains arrangements !

Plein de déférence — et pourtant on ne le sait guère coutumier du fait, — le torrent impétueux s'éloigne de la grotte des Apparitions pour lui ménager l'immense esplanade, bien souvent encore trop étroite, et que continue un quai si admirablement développé.

Quai monumental bordé d'un large trottoir défendu par un parapet et cotoyé, en amont, par une splendide allée confinant avec l'Abri des Pèlerins, et, en aval, par une avenue aux délicieux ombrages, rafraîchis encore par le voisinage des eaux courantes.

La montagne entr'ouvre son flanc, ou le décore de magnifiques sentiers disposés pour le plus favorable déroulement des marches triomphales, cantiques aux lèvres et bannières au vent.

Le rocher sauvage se fait avec orgueil l'escabeau du majestueux monument qui, fier, lui, déjà, de l'imposante prestance de son piédestal, élance, encore sublime, sa ravissante silhouette dans un ciel d'une transparence de saphir.

*
* *

Basilique et son élégante flèche ; crypte, chapelle du Rosaire ; terrasses superposées, balcons, escaliers, balustrades, gigantesques rampes semi-circulaires enveloppant sur un de ses côtés, comme pour lui donner un certain aspect de la place Saint-Pierre à Rome, une nouvelle et non moins spacieuse esplanade,

Dont l'axe, celui de la masse architecturale sommairement décrite, est aussi celui d'un parc aux allées géminées, se développant dans de larges proportions en orientation vers la ville jusqu'à l'entrée du Pont-Neuf.

*
* *

Entre les deux esplanades, signalons les trois édicules des piscines, et les fontaines aux douze canons et aussi les larges espaces qui leur servent d'abord.

*
* *

Tel l'ensemble du lieu béni si hanté des pèlerins, avec les deux rives du Gave pour berceau et, pour couronne, des orphelinats, des couvents, des maisons hospitalières, la résidence des Pères de Garaison, gardiens du Sanctuaire, le chalet des évêques de Tarbes, tous édifices d'une réelle richesse de construction et dignes de graviter tout autour, en satellites respectueux et fidèles.

*
* *

Il n'est pas jusqu'au château-fort (1), sept ou huit fois séculaire, — et perché, en face, sur un

(1) La citadelle de Lourdes, forteresse du moyen âge, rappelle plus d'un fait mémorable. Au quatorzième siècle, les Anglais, qui occupaient le Bigorre, en firent le point d'appui central de leur domination. Le connétable Duguesclin l'assiégea en 1374. Ce château-fort a servi longtemps de prison d'Etat et naguère encore de prison militaire.

roc isolé, aride et inaccessible, — qui, dans son silence morose de vieil athlète tombé en décrépitude, ne rende hommage, à sa façon, à sa jeune sœur gothique, nimbée de quelle suave et éclatante auréole !

*
* *

Et la ville tout entière n'est que la cour où l'on met pied à terre, le vestibule où l'on secoue la poussière des longs chemins, l'hôtellerie où l'on se repose un instant et où l'on prend les repas en toute hâte.

Oui, la cité de Lourdes est l'humble servante de la rayonnante Chapelle ; elle ne vit plus aujourd'hui que pour elle et par elle, au demeurant fière, et à bon droit, de sa glorieuse vassalité, identifiant désormais ses destinées à celles de la « Belle Dame ».

*
* *

Pour la Grotte miraculeuse, ses vastes hôtels, ses magasins, ses riantes villas, ses nouveaux et somptueux quartiers, et le coquet boulevard, et l'installation des tramways.

Pour la Grotte encore, la voie ferrée, dont la construction, en fait de temps, s'harmonise, à peu de chose près, avec l'époque de sa célébrité, ne lui étant en effet que de très peu postérieure.

— Et aussi cette porte providentielle des Pyrénées, dont elle est justement la clé, et qui lui paie si large tribut, en pèlerins, toujours d'un recrutement facile, parmi les caravanes de touristes et de baigneurs.

CHAPITRE II

Lourdes

ET SES

Richesses

I

SES RICHESSES

REVENONS au Sanctuaire.

Est-il nécessaire d'affirmer que la plus pure architecture a présidé à tous les travaux ? que les plus magnifiques blocs de granit et de marbre lui ont été ménagés avec un soin jaloux, et que tous les arts se sont donné rendez-vous, à plaisir, sur ce coin de terre, privilégié entre tous, pour le saturer de tous embellissements et de toutes décorations ?

*
* *

A travers la paroi de la roche, aujourd'hui en perpétuel tressaillement, sous la lueur des mille cierges en flamboiement inextinguible, des béquilles et autres trophées de pareille nature, à évocation suggestive, on le comprend.

— Une grille ferme la cavité béante de la Grotte et en fait un oratoire ayant sa lampe d'or et son autel en argent gravé, recouvert avec soin d'une housse, dès l'instant qu'il n'est pas employé à l'exercice des saints mystères.

L'église à gigantesque dôme, si embellie, dans la totalité de sa façade granitique, si riche, particulièrement dans son tympan au groupe marmoréen qui se détache, divinement suave, sur un fond jaune d'or métallique.

De quelles autres richesses, de quelles autres beautés ne se décore-t-elle pas encore dans son intérieur? Et les travaux se poursuivent, fiévreusement activés par le zèle des généreux bienfaiteurs.

Les plaques de marbre revêtent déjà la base des athlétiques pilastres et forment socle dans l'entier circuit. Et les mosaïques qui forment le ciel des chapelles !

— Remarquables aussi les autels aux tabernacles d'un cuivre richement ciselé.

* * *

La crypte se singularise par ses longs couloirs et ses nombreux piliers, et captive l'attention du visiteur par l'infinité de ses inscriptions sur marbre, du plus touchant effet.

Là, plus qu'ailleurs, les murailles parlent, et combien éloquemment ! et elles suintent, on peut le dire, la reconnaissance et l'amour.

Merveilles de grâce, les toutes petites chapelles qui rayonnent dans le pourtour, avec leur exquise lampe d'or appendue à la clé des mignonnes voûtes.

Tenons-nous en plus spécialement à la Basilique. Si son extérieur est grandiose et majestueux, que n'est pas l'enceinte sacrée !

— Ne parlons pas de son vaisseau : on pourrait lui assigner l'une des plus belles époques de ce moyen âge qui fit jaillir du sol ces monuments, vrais chefs-d'œuvre qui devaient faire l'étonnement des siècles. N'admirons que ses décors, et encore d'une manière un peu sommaire.

*
* *

Et tout d'abord les vingt-trois vitraux des chapelles latérales et absidales : ils racontent, en rayons lumineux, les grands traits de l'histoire de Notre-Dame de Lourdes.

*
* *

Quelle magnificence dans le maître-autel couvert de sculptures !

Et la délicieuse statue qui apparaît blanche et svelte, entre les colonnettes d'or du ciborium ! Le marbre le plus pur est taillé et fouillé avec un soin et un art qui le transforment en véritable gaze voilant une jeune et belle Vierge.

*
* *

Et la grille dorée, transparente comme une dentelle et formant, avec une grâce sans pareille, les riches délimitations du Sanctuaire.

Et les cent dix lampes, toutes remarquables par la richesse sans doute de leur matière, mais plus encore par le prix d'un travail peu ordinaire.

*
* *

Egalement en argent doré la lampe offerte par les diocèses de Viviers et de Vienne.

*
* *

Le trésor de la Basilique compte soixante calices, quinze ciboires et sept ostensoirs offerts par la piété chrétienne.

L'un de ces derniers est incontestablement l'œuvre capitale de l'orfèvrerie religieuse de notre époque ; aussi nous réservons-nous d'en exhiber comme une photographie, dans l'un des paragraphes qui vont suivre.

*
* *

A noter, il en vaut certes la peine, le calice d'or du Brésil, don à origine assez curieuse, mais que nous n'avons pas le temps d'exposer.

*
* *

Et comment ne pas mentionner au moins la palme d'or de Pie IX ?

Et le rosier d'or du même Pontife !

*
* *

Et le rosaire d'or, si remarquable par la pure et éclatante nacre de ses grains enchâssés dans de beaux et sévères ornements d'or ciselé, par la chaîne d'or massif qui les relie, et le crucifix à la statuette du Sauveur, parfaite de forme et vivante d'expression douloureuse.

*
* *

A citer encore un riche coussin offert par la

ville de Louvain, la ville des grandes œuvres, et portant, en or, tous les instruments de la Passion de Notre-Seigneur.

*
* *

Et encore, et encore... une couronne d'or, trop belle et trop riche pour que nous ne lui consacrions une plus large place, lorsque viendra son tour.

*
* *

Mais loin de nous l'idée du veau d'or.

Sursum, corda !

Elevons-nous, et sans plus de retard, au-dessus de tout ce qui, après tout, n'est en soi que de la matière inerte, de la vile poussière.

Et que, si l'on nous a vu, et si l'on nous voit encore raconter, avec une certaine complaisance, quelques-unes des richesses de Lourdes, car nous sommes loin de nous targuer d'une nomenclature complète — on ne doutera pas que ce ne soit dans le seul but de mettre en plus grand relief l'idée des torrents de grâces et de faveurs qu'elles présupposent.

*
* *

Arrivons-en tout de suite à ces mille objets plus spécialement dénommés sous la rubrique d'ex-voto.

II

EX-VOTO — INSCRIPTIONS ET TABLEAUX-RELIEF

CITONS en première ligne, pour ce qu'elles ont de plus chatoyant, les croix d'honneur, les épaulettes et les épées.

Et, de plus, des milliers de cœurs d'or, d'argent, dessinant des roses mystiques, traçant des festons, des guirlandes, et surtout marquant, à former une ceinture intérieure, les paroles de la « Belle-Dame » à l'heureuse Voyante :

« Je suis l'Immaculée-Conception. Allez dire aux prêtres qu'il doit se bâtir ici une chapelle et qu'on doit y venir en procession. — Pénitence,

pénitence. — Vous prierez pour la conversion des pécheurs. »

*
* *

Sous globe, des bouquets de mariées, des bijoux, des photographies, jusqu'à des éperons. .

*
* *

Appliqués sur les murs, et comme pour les tapisser, des étendards et des drapeaux de toutes nationalités ; tout un fleuve de dons, en un mot de vrais ruissellements d'or, d'argent, de soie, de satin et de velours.

*
* *

Et les plaques de marbre !... Oh ! bien incalculables aussi, et combien souvent éloquentes dans leur extrême concision lapidaire.

Un marbre porte un pied en relief avec cette mention :

— « Vous me l'avez conservé, faites qu'il vous serve. »

Et cet autre :

— « J'étais infirme des deux jambes, et je suis guérie. »

*
* *

Et encore :

— « Gloire, amour, reconnaissance à Marie, qui a sauvé mon enfant. »

Ailleurs :

— « J'ai invoqué Marie, elle m'a exaucé. »

*
* *

Reconnaissance, gratitude, louange, hommages, actions de grâces, remercîments, amour éternel... Tout le vocabulaire est ainsi épuisé, et à combien d'exemplaires, traduit encore en toutes sortes de langues !...

*
* *

« Amor y gratitudo a nostra senora de Lourdes. »

« Thanksgiving and, perpetual supplication, to our Lady, of Lourdes. Jan 8 th. 1879. »

« A la Santisima e Immaculada Virgen Maria, Madre de Dios, por innumerables gracias recibidas. Las famillas de E. M. de Torres y Arnas agredecios. »

*
* *

Après les individualités ou les familles, les collectivités, les villes ou même toute une région :

*
* *

« A Notre-Dame de Lourdes, le Poitou reconnaissant.

2 septembre 1896.

« Préservés de tout mal dans un grave accident, en sortant de la gare de Bordeaux, les Poitevins offrent solennellement un cierge à la Vierge-Immaculée.

« Délivrez-nous toujours de tous les dangers, Vierge glorieuse et bénie. »

*
* *

Le bronze à qui ont été confiées ces paroles présente en relief la scène de l'offrande avec la Grotte comme théâtre.

*
* *

Un nouveau relief, en marbre celui-ci, représentant la violente rencontre de deux trains et la bénigne Vierge Marie assise, comme une souveraine, sur l'épaisse fumée des deux machines aux prises, et pour exercer de plus près, semble-t-il, à l'endroit de ses dévots, la tendre sollicitude qui ne fait jamais défaut à ses entrailles de Mère.

Il s'agit de la préservation miraculeuse du pèlerinage niortais, dans une effroyable collision avec l'express, à Ygos, le 2 juillet 1876, à une heure du matin.

Le fait dépasse véritablement trop la commune mesure pour que nous ne nous sentions intéressé à le raconter dans tous ses détails.

III

LES DEUX LOCOMOTIVES SE HEURTENT DANS UN ÉPOUVANTABLE EMBRASSEMENT

Le train du pèlerinage Nantais descendait de Morcenx, glissant sur les rails, avec une vitesse de 60 à l'heure.

C'était au milieu de la nuit.

Dans une courbe, près de la gare d'Ygos, le chauffeur voit soudain, à une faible distance, deux lanternes de l'express de Mont-de-Marsan, semblables, dans la nuit, aux yeux d'une panthère.

La collision est imminente.

Déjà les deux monstres de fer ne sont plus qu'à cent mètres l'un de l'autre; dans une seconde un choc effroyable aura anéanti peut-être douze cents vies humaines.

*
* *

Les mécaniciens ont vu le danger, mais reste-t-il encore le temps de le conjurer ?...

En vain l'un et l'autre renversent la vapeur, les deux locomotives se heurtent dans un épouvantable embrassement. La Vierge de Lourdes veillait.

Elle ne voulait pas qu'il fût dit, qu'un seul train de pèlerinage, — quelque soit leur nombre et les inévitables complications apportées dans le service, — ait jamais produit d'accident mortel, lorsque partout ailleurs se succèdent les catastrophes à trop lamentables tableaux, telle celle de Saint-Mandé, pas sitôt échappée à la mémoire publique.

N'y a-t-il pas là une indication de surnaturelle assistance ?... *Hic est digitus Dei ;* et, oui, vraiment, là est le doigt de Dieu !

*
* *

Sans doute, dans la pénétrante rencontre, la locomotive de l'express enjamba sur son adversaire, mais ce désastre matériel ne fut suivi que de quelques blessures parmi les voyageurs, et de quelques contusions légères du côté des pèlerins...

*
* *

« Un miracle seul a pu les sauver », — écrivait le Directeur du mouvement des lignes du midi.

*
* *

« Depuis l'invention de la vapeur, jamais pareille préservation ne s'est produite, — disait à son tour le commissaire de l'une des gares voisines de l'accident, — et il n'est pas possible qu'elle se renouvelle jamais dans des conditions d'aussi parfaite innocuité.

*
* *

« Vous deviez être broyés !...

« Ah ! vous parlez de miracles ! eh bien, croyez-moi, celui-ci est le père de tous ; on ne saurait en imaginer un plus grand. »

*
* *

Rappelons, à cette place, — c'est de tout à propos, — l'émouvante scène si fidèlement burinée sur la plaque métallique, et dont les paroles, ci-après relatées, viennent achever l'entière explication.

*
* *

« Au retour de Lourdes, quinze wagons laissés en panne reculent à toute vitesse, et sans direction, sur les rampes du Champ Saint-Père.

« A Marie, les pèlerins du Finistère échappés aux plus grands dangers, reconnaissants.

« VENDÉE. »

IV

BANNIÈRES ET DRAPEAUX

Les bannières, plus de cinq cents !

Une trentaine flottent dans le grand vide de la spacieuse nef.

D'autres garnissent, en haut, tout le pourtour du triphorium, formant tableau, encadrées dans les colonnettes.

D'autres enfin, s'étendent le long des murailles, et se balancent aux arceaux des chapelles.

Citons :

*
* *

Notre-Dame de Chartres (deux Vierges : au-dessus, la sainte Tunique.)

Notre-Dame d'Afrique (Vierge noire), deux palmiers.

La Bretagne (Sacré-Cœur au sein d'une gloire bleue et blanche).

*
* *

Metz (Vierge entourée d'un lis).

Notre-Dame d'Alger (verte). — La Vendée.

Notre-Dame de la Garde (bleue).

Alsace (voilée d'un crêpe avec les armes de plusieurs villes de la province).

*
* *

Les bannières de Vannes (Sainte-Anne d'Auray); — d'Irlande (verte, avec une guirlande de feuilles de chêne); — du Canada (blanche avec un Castor); — d'Aquitaine (riches broderies d'or); — d'Angleterre avec cette inscription : Notre-Dame de Lourdes, protégez l'Angleterre.

*
* *

Les bannières de la Provence (plusieurs armoiries); — d'Amiens (Vierge avec broderies en drap d'or) ; — d'Amérique (Vierge Immaculée, peinture) ; — de Silésie (Apparitions de Lourdes) ; — d'Italie (chiffres de Marie et guirlande de roses).

Et encore :

*
* *

Bannières de la Corse et d'Avignon ; — de Pontmain et de Montélimart ; — de Fréjus et d'Abbeville ; — de Carcassonne (bleue) ; — de Dijon (riches broderies) ; — de Boulogne-sur-Seine ; — de Naples (blanche) ; — du Tiers-Ordre (peinture de saint François d'Assise en extase) ; — bannière de velours d'Elbeuf (Rouen) ; — de Beauvais (riches broderies d'or) ; — d'Apt (diocèse d'Avignon) ; — de Nîmes (armes des quatre arrondissements) ; — du Brésil.

*
* *

A la voûte, dans la rangée du milieu, au centre de chaque travée, les bannières de Bordeaux (bleue et broderies d'or) ; — de Lille (blanche avec grande rose d'où émerge l'Immaculée) ; — d'Allemagne (peinture représentant l'Immaculée Conception) ;

— de Nantes (peinture de saints Donatien et Rogatien, patrons de la Ville et du diocèse).

*
* *

Remarquables entre toutes, celle de Notre-Dame de Fourvières, aux armes de la ville de Lyon. — Celle de l'Alsace, en velours noir brodé d'or. — Celle de la Lorraine, où l'on admire une Vierge couvrant deux enfants de son manteau. — Celle de la Bretagne, bleue et blanche, où saigne un Sacré-Cœur, au sein d'une gloire.

*
* *

Et cette autre dont voici la rapide description :

Trois crêpes pendent de sa partie supérieure, — le fond est parsemé de madones nimbées de noms étranges, — des épines courent entre ses médaillons et les enlacent.

— Qui donc a porté, aux tendresses de N.-D. Immaculée, ces symboles de deuil et de déchirements ?... On cherche le nom... Sur le haut, en caractères d'or peu apparents, on lit :

La Pologne à Notre-Dame de Lourdes.

*
* *

Voici désignés quelques drapeaux : Haïti, — Chili, — Belgique, — Angleterre, — Hongrie, — Canada, — Mexique, — Amérique, — Etats-Unis, — Bolivie, — Brésil, — Autriche.

*
* *

Déjà, à l'aspèct de toutes ces merveilles, tout s'anime dans l'esprit du dévot visiteur, et tout l'émeut à l'étreindre.

Même seul il sent dans tout son être, un ineffable mirage de coudoiement ; c'est qu'il est assailli par tout un monde de souvenirs ;

Mille voix lui parlent de célestes assistances, et d'impérissables gratitudes ; en quelques instants se réveillent en lui mille drames et mille saisissants tableaux.

*
* *

Mais quel enthousiasme alors, au milieu du mouvement si vivant des foules, au milieu des féériques illuminations, et des réelles tempêtes de prières, d'acclamations et de chants !

*
* *

Il en est temps, faisons revivre, dans la mesure de nos forces, une de ces journées, qu'on n'oublie jamais, lorsqu'on a eu le bonheur de les vivre, et, qui, jetant les âmes dans toutes les extases, les fait s'écrier éperdues, hors d'elles-mêmes :

« Lourdes, si tu n'es pas le ciel,
« Tu nous en faits goûter les charmes ! »

Ne frustrons pas cependant le lecteur des descriptions annoncées, ne serait-ce que pour marquer par quelques exemples, combien il y a loin de la sèche énumération, que nous nous sommes imposée, à la connaissance quelque peu approfondie des détails.

Et ainsi, par la valeur, mieux saisie, de certains objets, on pourra préjuger plus judicieusement de celle de bien d'autres.

V

L'ÉBLOUISSANTE BEAUTÉ D'UN OSTENSOIR

L'OSTENSOIR, avons-nous dit quelques pages plus haut, est l'œuvre capitale de l'orfèvrerie religieuse de notre temps.

Il est dû à la piété d'un donateur resté inconnu, enrichi de pierreries innombrables venues de toutes parts, témoignage d'une reconnaissance attendrie ou d'un espoir qui sait bien n'avoir à craindre aucune déception.

*
* *

Son élévation est de 1m30.

A le voir si grand, on le croirait trop lourd

pour un usage quelconque ; mais, grâce à la nature du travail, fouillé en tous sens, allégé par sa perfection même, il est propre à l'unique fonction qui lui ait été du reste assignée : la bénédiction dans les fêtes les plus solennelles de la Basilique.

*
* *

Il est d'argent doré, rehaussé d'émaux et de pierreries précieuses d'un éclat peu ordinaire ; son poème, qui est l'Immaculée-Conception, donnant au monde le Dieu de l'Eucharistie, est écrit avec tous ces auxiliaires charmants de l'orfèvrerie, avec une flore symbolique, ingénieuse et claire, et soixante-trois figures modèles : des dragons, des colombes et des aigles, d'une ciselure achevée.

*
* *

Sur le pied se déroulent quatre scènes, se rattachant au dogme de l'Immaculée-Conception : 1° Adam et Ève agenouillés devant la Vierge, qui écrase la tête du serpent ; 2° Judith, présentant la tête d'Holopherne au peuple prosterné ; 3° le couronnement d'Esther; 4° la proclamation de la bulle *Ineffabilis Deus*, par Pie IX.

Quatre anges, combattant le démon, séparent ces sujets, auxquels leurs ailes tendues forment une sorte de velum. Des rinceaux granulés, pleins de colombes, couronnent ce socle.

*
* *

La hampe, palmier ornemental qui germe au-dessus, est terminée par des crossettes où quatre anges sont assis; leurs mains élèvent la sainte Hostie, et leurs ailes, en se redressant, soutiennent un vaste nimbe-amande, qui enveloppe, sur ses deux faces, saint Joseph couronné, patron de l'Église universelle, et Notre-Dame de Lourdes, admirable figure d'argent réservé, où les broderies en émail blanc de la robe et du voile, les rinceaux en émail bleu de la ceinture achèvent de peindre la Vierge de Massabielle.

*
* *

Tandis que ces anges portent le nimbe jusqu'à la gloire, les séraphins, qui rayonnent, de la sainte

Hostie, l'y incorporent en le saisissant d'un coup d'aile ; et ainsi, anges ministres, anges adorateurs, par cette action combinée, unissent le pied, la tige et la gloire de l'Ostensoir dans un ensemble qui satisfait, à la fois, les yeux et la raison.

Le nimbe de l'Hostie est divisé, sur chaque face, par seize médaillons : au revers, autant de sujets des litanies de la Vierge ; devant, les quinze mystères du Rosaire et la Vierge tenant la croix.

Compositions gravées, champlevées, émaillées en camaïeu rose sur fond blanc, le Rosaire avec les couleurs de la rose symbolique.

*
* *

De cette rosace irradient, d'abord, trente-deux lis en diamants ; puis, sept faisceaux de topazes roses et de perles fines, qui sillonnent un émail d'azur figurant le ciel.

Les anges, qui séparent le groupe de rayons, sont aussi un rayonnement, et leurs ailes supérieures forment une étoile immense. La gloire est dentelée par des rinceaux constellés d'étoiles en diamants et semés d'églantines. Enfin, quatre aigles planent au-dessus de la Custode où repose le corps du Christ; ils entourent la croix, qui domine l'œuvre tout entière, et qui en résume, pour ainsi dire, toutes les beautés par sa forme magistrale, par sa ciselure, par ses émaux et sa joaillerie.

VI

L'EXCEPTION DESCRIPTIVE NOUS L'ÉTENDONS ENCORE A UNE LAMPE D'UNE MAGNIFICENCE PAREILLEMENT FASTUEUSE

La lampe offerte au Sanctuaire de Notre-Dame de Lourdes, par les diocèses de Viviers et de Valence, est en argent doré.

Sa pointe, tout émaillée, est d'une grande élégance; son corps s'élargit dans une courbe qui revient sur elle-même avec la grâce robuste d'une urne antique; sur ses flancs courent des rinceaux émaillés où fleurit la blanche églantine.

Il est couronné par une végétation étrange, disposée en fleurons réguliers, étincelants de pierreries.

*
* *

Trois écussons, au fond d'azur, rompent l'uniformité de sa circonférence. Ils représentent la scène de la Nativité, où le Sauveur s'est manifesté par la Lumière ;

Dans l'un, les anges apparaissent, et la clarté de Dieu enveloppe les bergers ; dans le second, les Mages chevauchent à la lueur de l'Étoile ; le troisième offre, rayonnant dans la crèche, entre Marie et Joseph, « la vraie Lumière qui illumine le monde. »

*
* *

Trois monstres sont attachés entre ces écussons. Leur cou de serpent se relève, comme dans un effort désespéré, pour entraîner à terre leur fardeau, l'y briser et éteindre la flamme. C'est en vain : le collier qui les étreint porte toujours la lampe, et leurs ailes ouvertes font planer dans l'espace la Lumière qui les a vaincus.

*
* *

Le cristal où brille la Lumière, soutenu par des consoles, entouré d'un diadème de douze étoiles, dont le bandeau émaillé présente, en caractères d'or, ces paroles de saint Jean : « En Lui était la vie, et la vie était la Lumière des hommes. »

Encore pour les amateurs des belles choses, — et de notre part, un peu en glissant, pour nous dissimuler, — une nouvelle description qui, elle aussi, nous tombe fort à propos sous les yeux, celle du tapis symbolique.

*
* *

M. l'abbé Boyer, de Saintes, a eu la délicate pensée d'offrir un tapis, large à couvrir toute l'étendue du Sanctuaire de la Basilique, et, tout à la fois, les degrés du maître-autel.

Des offrandes, recueillies un peu partout, lui permirent de réaliser une véritable œuvre d'art.

*
* *

L'Église et la France associées dans leurs épreuves, le seront aussi dans le triomphe, qui sera dû à l'Immaculée-Conception proclamée par Pie IX et manifestée à la Grotte.

*
* *

Cette vaste tapisserie, mesurant plus de cinquante mètres carrés, aux couleurs les plus vives et les plus variées, est partout semée de beaux lis, symbole de l'Immaculée-Conception.

Au centre, un grand médaillon présente, à côté les unes des autres, les armes glorieuses de Pie IX et les armes séculaires de la France. Elles reposent sur des branches d'épines, symbole des épreuves; mais ces épines sont de l'églantier de la Grotte, qui fut le trône de la Vierge Immaculée.

Ces armes sont encadrées et enchaînées pas le beau Rosaire de la Vierge, signe et instrument des victoires de l'Église.

*
* *

Le grand médaillon central est environné de huit autres médaillons systématiquement disposés.

Quatre représentent les armes de la ville de Lourdes et de la ville de Tarbes, de Mgr Laurence et de Mgr Jourdan; ils rappellent ainsi, d'une part, la ville et le diocèse où s'est manifestée la Vierge Immaculée, et, par ailleurs, les principaux ouvriers qu'Elle a associés à son œuvre de Rédemption.

*
* *

Sur les quatre autres médaillons apparaissent les grands symboles qui figurent les vertus de l'action de la Vierge Mère de Dieu, la Tour de David, la Maison d'or, l'Arche d'alliance, la Mère ou la Source de la divine Grâce, représentée par la Fontaine de la Grotte.

Oh! le descriptif, nous ne pouvons encore y échapper tout à fait; qu'on en juge!

VII

LA BRILLANTE ET SYMBOLIQUE COURONNE

LA couronne de Notre-Dame de Lourdes devait être la couronne de l'Immaculée-Conception, puisque la Très Sainte Vierge a voulu prendre le titre de ce mystère comme son nom propre, dans ses apparitions à la Grotte.

*
* *

Dès le premier moment de son existence, Marie a mérité une couronne de triomphatrice, parce qu'elle écrasait, de son pied, la tête du serpent infernal; et une couronne de Reine, parce qu'elle possédait, dès lors, de tels privilèges qu'elle se trouvait placée déjà au-dessus de l'humanité et de la création tout entière.

*
* *

Toutefois, nous nous la représentons, dans ce mystère de l'Immaculée-Conception, comme une fleur qui doit nous donner un jour le plus excellent de tous les fruits, le vrai fruit de vie ; et c'est pourquoi il semble qu'une couronne de fleurs doive former son diadème.

*
* *

Or, quelles fleurs devaient être choisies pour mieux symboliser les excellences de cette Créature sur qui se reposaient, avec la plus tendre complaisance, les regards de la Divinité ?

La sainte Église nous l'indique en nous disant de la Très Sainte Vierge : « Elle était entourée des fleurs des rosiers et des lis des vallées (1). »

(1) *Circumdabant eam flores rosarum et lilia convallium.* (Office de la fête du Très Saint Rosaire.)

*
* *

Et dans l'office de l'Apparition de Notre-Dame de Lourdes, nous lisons : « Comme la fleur du rosier aux jours du printemps, et comme le lis près du bord de l'eau, ainsi brille la Vierge Immaculée (1). »

C'est donc une couronne de roses et de lis que l'artiste a voulu placer sur la tête de l'Immaculée-Conception.

*
* *

La rose amenait naturellement la pensée du rosier sauvage ou de l'églantier, sur lequel Marie a voulu, plus d'une fois, poser ses pieds pendant ses manifestations à Bernadette...

L'églantine a pris ainsi la place de la rose proprement dite, et le bandeau, ou cercle d'or, qui forme la base de la couronne, nous fait voir, sur tout son pourtour, une branche de rosier sauvage

(1) *Quasi flos rosarum in diebus vernis, et quasi lilia in transitu aquæ, sic fulget Virgo Immaculata.*

délicatement ciselée, ornée d'un feuillage gracieux, et portant douze fleurs symétriquement espacées.

Le centre de chacune de celles-ci est occupé par un diamant.

*
* *

La rose est l'emblème de la charité ou de l'amour de Dieu, inséparable de la grâce sanctifiante ; cet amour était, dès l'Immaculée-Conception, plus ardent en Marie que dans le plus sublime des séraphins.

Mais les saints Pères nous ont encore présenté cette fleur comme un symbole de l'Immaculée-Conception : La rose, nous disent-ils, naît d'une tige armée d'épines, mais sans porter elle-même de piquants ; elle n'a en elle que sa beauté et son parfum.

Ainsi Marie est venue en ce monde, revêtue de la grâce, sans avoir été soumise aux imperfections de la nature humaine, sans avoir reçu la moindre atteinte de l'aiguillon du péché.

*
* *

Du bord supérieur du bandeau, et alternant avec

les églantines, s'élèvent, vers le ciel, douze tiges de lis d'or avec leurs feuilles lancéolées, deux boutons non encore éclos et, au sommet, une fleur épanouie, dont les étamines sont terminées par un petit diamant, qui rappelle les gouttes de rosée suspendues aux fleurs naturelles.

Ces tiges, d'un admirable travail, constituent les fleurons d'une première auréole de la couronne.

*
* *

Le lis, par son éclatante blancheur, représente surtout la pureté et la beauté sans tache de l'Immaculée-Conception. C'est à Marie, en effet, que l'Église applique ces paroles du Cantique des Cantiques : « Ce qu'est le lis entre les épines, ma bien-aimée l'est entre les filles des hommes. »

*
* *

Le Fils de Dieu a fait lui-même l'éloge du lis dans son Évangile : « Considérez les lis des champs... Or, je vous dis que Salomon lui-même, dans toute sa gloire, n'a pas été revêtu aussi magnifiquement que l'un d'eux. »

La splendeur de l'Immaculée-Conception s'élève au-dessus de la beauté de toutes les autres créatures, bien plus encore que la splendeur du lis au-dessus de la gloire de Salomon.

*
* *

Au pied de chaque tige de lis, sont rattachés, par un anneau orné d'un diamant, deux arcs gothiques, dont la courbure intérieure est tournée vers le haut, et qui s'appuient, par leur seconde extrémité, aux arcs partant des tiges voisines.

Ils forment ainsi, au-dessus de chaque fleur de la branche d'églantier, une sorte de baie à trois rayons; ceux-ci sont garnis de petits diamants qui partent d'un diamant central plus gros.

*
* *

Du point de jonction des arcs, presque à la hauteur de la fleur du lis, se détache une tige courte, mais déliée, qui porte, tout d'abord, un petit diamant, puis se termine par une belle étoile à six rayons, toute étincelante de diamants sur ses deux faces, présentant, en son milieu, une étoile semblable, mais plus petite, et, au centre de celle-ci, un diamant plus considérable que les autres.

*
* *

L'artiste a ainsi associé aux fleurs de la terre les fleurs lumineuses du ciel, et les douze étoiles, qui terminent les douze tiges, forment, au-dessus de l'auréole des lis, une seconde auréole plus précieuse et plus resplendissante.

Celle-ci rappelle, d'elle-même, le texte bien connu de l'Apocalypse :

« *Signum magnum apparuit in cælo, mulier amicta sole, et luna sub pedibus ejus, et in capite ejus corona stellarum duodecim.* »

« Un grand prodige apparut dans le ciel : c'était une femme revêtue de soleil, ayant la lune sous ses pieds et, sur sa tête, une couronne de douze étoiles (1). »

(1) Apoc., XII, 1.

Ce texte est approprié à la Très Sainte Vierge, et principalement à son Immaculée-Conception, par la sainte Église et les pieux serviteurs de Marie.

Comme les étoiles qui resplendissent de la plus pure lumière dans le ciel, Marie a atteint, dès le premier instant de sa conception, un degré de perfection souveraine ; elle est apparue au monde dans une gloire et une splendeur merveilleuse de grâce et de sainteté.

*
* *

Tout le monde connaît la petite couronne des douze *Ave Maria*, appelée aussi chapelet de l'Immaculée-Conception, imaginée d'après ce passage de nos saints Livres.

Mais l'application de ce texte au glorieux privilège de Marie a été confirmée, pour ainsi dire, par la Très Sainte Vierge elle-même, dans la manifestation de la médaille miraculeuse.

*
* *

La première face de la médaille nous montre, en effet, par son inscription :

« O Marie conçue sans péché, priez pour nous qui avons recours à Vous, »

Que la reine du ciel voulait promouvoir et faire croître, parmi les fidèles, le culte de son Immaculée-Conception.

Le revers se rapporte donc à la même fin ; nous y voyons douze étoiles formant une couronne autour du nom de Marie surmonté de la croix.

*
* *

Le nombre douze est interprêté soit des douze Apôtres, qui ont formé comme une couronne autour de la Très Sainte Vierge dans le Cénacle, quand elle priait avec eux pour obtenir la descente du Saint-Esprit ; soit des douze privilèges principaux dont elle a été honorée.

On pourrait encore l'entendre dans un sens d'universalité, parce que Marie a possédé, à elle seule, les mérites de toutes sortes, et dans une mesure qui dépasse celle des mérites réunis de toutes les créatures.

Plusieurs théologiens admettent qu'il en était

ainsi déjà pour le degré de sainteté qui lui avait été conféré dès le premier moment.

*
* *

On peut aussi retrouver ce nombre de douze dans les divers privilèges que les docteurs s'accordent à reconnaître dans la Très Sainte Vierge, à l'instant même de son Immaculée-Conception (1),

(1) Presque tous ceux qui ont traité de ce mystère enseignent, en effet, que Marie a été, dès ce premier instant : 1° préservée de toute tache de péché ; 2° ornée de la grâce sanctifiante ; 3° douée des vertus infuses, de tous les dons du Saint-Esprit et des grâces gratuites ; 4° douée aussi du parfait usage de la raison et de la volonté ; 5° confirmée en grâce ; 6° rendue impeccable, même par rapport à tout péché véniel ; 7° délivrée de la concupiscence ; 8° douée de l'immunité de l'ignorance et de l'erreur touchant les objets qu'il lui convenait de connaître. — Elle était ensuite, quant à son corps : 9° exemptée des maladies ; 10° exemptée de toute sorte de souffrances, et elle devait les accepter librement ; 11° exemptée de la nécessité de mourir, la mort devant aussi dépendre de sa volonté ; 12° douée d'une beauté physique tellement supérieure à celle de toute créature que, sans les lumières de la foi, elle eût été prise pour une divinité, au témoignage de l'auteur de la *Céleste Hiérarchie*.

A plusieurs reprises, nous avons signalé les diamants qui sont encastrés dans la couronne de Notre-Dame de Lourdes. Ils sont au nombre de 792, de différentes grandeurs. Elle semble ainsi représenter cette couronne de pierres précieuses dont parle l'office de l'Apparition (1).

*
* *

Le diamant peut être considéré lui-même comme un symbole remarquable de l'Immaculée-Conception.

Formé de la même substance que l'humble charbon, il est d'une pureté et d'une limpidité parfaite, et il resplendit des feux les plus variés et les plus étincelants au soleil et à la lumière.

*
* *

Pareillement, Marie a été formée de l'humble chair de l'humanité, mais, en elle, il n'y a point de

(1) *Posuisti in capite ejus de lapide pretioso.*

scories; elle reflète, comme un miroir sans tache, l'éclat que fait tomber sur elle la lumière éternelle (1).

*
* *

Telle est l'œuvre qui a été exécutée, pour Notre-Dame de Lourdes, par MM. Mellerio, dits Meller, 9, rue de la Paix, à Paris.

Comme on le voit, c'était un poème, un hymne en l'honneur de la Vierge Immaculée, qui avait été conçu; il a été écrit en un joyau d'orfèvrerie digne de leur habileté et de la haute réputation de leur maison.

(1) *Candor est lucis æternæ et speculum sine maculâ.* (Office de l'Apparition.)

CHAPITRE III

Lourdes

ET

Ses Foules

Une Journée à Lourdes

I

TOUS LES POINTS DU GLOBE SONT TRIBUTAIRES DE LA VIERGE DES PYRÉNÉES

Toute l'année, même au temps de la froidure et des neiges, la Grotte ne cesse de rester le phare lumineux à aimant irrésistible.

Mais, que ne voit-on pas durant les cinq mois de la rayonnante nature! Chaque diocèse de France prélève sur son troupeau un imposant appoint.

*
* *

Avril nous assure désormais, avec son pèlerinage national d'hommes, quarante, cinquante mille vaillants, atterrissant ensemble aux pieds de la Madonc ; et, qu'il n'y ait pas d'équivoque, c'est bien dans la même journée que se produit ce respectable entassement.

*
* *

La dernière quinzaine d'août est une époque plus généralement mémorable : c'est, entre autres, Paris qui se met en route avec son pèlerinage national et ses quatorze trains : le train blanc, plus spécialement chargé des malades, et le train gris, le train bleu, le train vert, le train jaune, le train rose, etc., etc.,

Enveloppant, dans son avalanche humaine, les villes de sa royale banlieue : Cambrai, Arras, Chartres, Troyes, Reims, Sens, Orléans, Blois, Tours et Poitiers ; soit, sans le moindre effort d'imagination, un total de trente mille pèlerins et malades.

Et, ce que Paris est pour la fête de l'Assomption, la Bretagne le devient pour la solennité du 8 septembre.

*
* *

C'est, on peut le dire, un entraînement universel ; car, si, durant toute la saison propice aux voyages, la terre de la vieille Gaule se trouve sillonnée, en tous sens, par des convois aux charges colossales avec destination invariable, on sait vers quel but, non moins l'Europe entière, que dis-je ? le monde entier.

*
* *

Quelles affluences, notamment de la Belgique et de la Hollande, de l'Alsace et de la Lorraine, et du pays des Apennins ?

On accourt aussi de l'Allemagne, de la Pologne et de la Suisse, du duché de Bade, de l'Angleterre, du Portugal et des steppes d'Amérique. La Russie elle-même, l'Arménie, et jusqu'au Céleste-Empire, rentrent dans le concert, et maints autres pays.

*
* *

Les peuples arrivent et aussi les princes, voire même des monarques.

Ainsi, dans la dernière semaine de septembre 1878, Sa Majesté le roi Fernando de Portugal, l'infant don Augusto et madame la comtesse d'Edla ; le duc de Nemours et le prince de Galles, aujourd'hui, et depuis hier seulement, Edouard VII, empereur des Indes et roi de l'Irlande et de l'Angleterre.

*
* *

Et, antérieurement, lors de la consécration de la Basilique et du couronnement de la statue : Madame la duchesse de Parmes, Monsieur le duc de Nemours, Monsieur le duc, Madame la duchesse d'Alençon.

*
* *

Oh ! alors, plus de cent cinquante mille personnes, foulant simultanément le sol béni, dans les journées des 2 et 3 juillet !

On sait que trente-cinq archevêques et évêques purent répondre à l'invitation, et qu'ils furent présidés, au nom du Pape, par un prélat illustre, cardinal de la sainte Eglise romaine et archevêque de Paris, ayant, à côté de lui, le représentant officiel de Sa Sainteté auprès de la nation française.

II

PIE IX ET LÉON XIII

Mais, au-dessus de tous les personnages de très haute marque, cités ou omis, et comme occupant le sommet suprême de l'échelle hiérarchique, plaçons les illustres Pontifes Pie IX et Léon XIII ; car, s'ils n'ont pu venir à Lourdes, retenus, au-delà des Alpes, par la trop écrasante tiare, Lourdes est venu à eux. Le phénomène ne tient en rien d'un insondable arcane :

***

Un pieux Toulousain eut la pensée de faire exécuter pour le Souverain Pontife une représentation de la Grotte de Massabielle. Pie IX la plaça dans les jardins du Vatican.

Une provision d'eau de la sainte Fontaine fut apportée au Saint-Père et, dans ses promenades, le bien-aimé Pontife trouvait une exquise joie à faire jaillir, de la source improvisée, les ondes miraculeuses, qu'une attention délicate des missionnaires de Lourdes renouvelle encore de temps en temps.

*
* *

Or, en ces premiers jours du vingtième siècle, ce qui fut fait en faveur de l'auguste Pie IX est repris, en sous-œuvre, par l'évêque lui-même de Tarbes, Mgr Schœpfer.

Le projet est arrêté et porté à la connaissance des fidèles, dont on ne sollicitera pas en vain la générosité connue pour toutes les œuvres de cette nature; et ainsi le miniscule fac-simile de la Grotte bénie, dont nous venons de parler, va le céder à une copie plus fidèle et entièrement adéquate du lieu des Apparitions, à une reproduction digne enfin du glorieux Sanctuaire et de l'antique Rome.

*
* *

Et quoi d'étonnant !

La maison de Nazareth fut bien transportée, il y a quelques siècles, par le ministère des anges, à Lorette, sur le territoire des Etats pontificaux. — Pourquoi ne verrions-nous pas pareil fait se reproduire, en faveur des jardins du Vatican, au sujet de la Grotte sainte, et par le ministère, cette fois, des anges de la Charité ?

*
* *

Et, de plus, les deux insignes Pontifes à Lourdes, toujours de cœur à défaut d'une présence matérielle, suivant la réponse, aujourd'hui historique, de l'un d'eux à Monseigneur Schœpfer ; —

A Lourdes, toujours encore, par un amour tout à la fois affectif et effectif, à l'endroit de la douce et suave Madone et de son Sanctuaire, qu'ils se sont plu à enrichir de tous privilèges et faveurs, et même de leurs dons personnels et précieux.

RÉSUMONS-NOUS, et disons : Tous les points du globe sont tributaires de Marie, et toutes les classes de la société lui doivent solennel hommage.

Ayons la douce joie d'affirmer encore que la Sainte-Vierge est une Souveraine, aux désirs de laquelle on ne saurait résister, si bien que, dans le cours d'une année, arrivent aujourd'hui à Lourdes de trois cents à cinq cent mille pèlerins.

*
* *

Jugez, alors, des immenses cohues et des inévitables encombrements sur certains points de nos réseaux.

*
* *

Or, fait digne de remarque, aucun accident sérieux ne s'est jamais produit.

Ce n'est pas que les dangers, et quelques-uns imminents (1), n'aient guetté parfois les pieux

(1) Qu'on se rappelle notamment la monstrueuse rencontre à Ygos.

visiteurs, mais une main puissante et manifestement céleste a été toujours là pour exercer, en temps utile, une efficace protection, et laisser voguer indemnes les dévots de Marie.

III

LA BRETAGNE DÉFERLE EN FLOTS PRESSÉS

Après le pèlerinage de la capitale, tels autres, de telle province ou de telle région, semblent avoir, à leur tour, la spécialité de susciter une recrudescence de foule.

Au premier rang nous apparaît la vaillante levée des Bretons ; et c'est même, avec le Sanctuaire enrichi de leur présence, comme de ses plus précieux joyaux, que nous allons essayer de stéréotyper « une journée à Lourdes ».

*
* *

Le soleil est l'un des plus puissants facteurs, et celui-là presque essentiellement requis, pour le plein succès de ces fêtes, dont le théâtre, étant surtout le grand dehors, ne connaît guère d'autre abri que l'immense velum du ciel azuré.

Or, l'astre du jour fut infatigablement de la partie, avec des rayons dorés royalement épandus, quoique édulcorés d'une tendre tiédeur, comme savent assez habituellement l'inscrire dans leurs programmes les journées de septembre, journées et nuits délicieuses, divines, mêlées au plus riant des décors, au plus gracieux des paysages.

*
* *

« Ecoutez les Bretons, c'est toute la Bretagne. »

Et oui, c'est toute la Bretagne qui déferle en flots pressés, jetés du granit de la vieille Armorique au granit pyrénéen : Rennes, Saint-Brieuc, Vannes, Quimper, Nantes ;

Et, voyez-vous, ban et arrière-ban ; parfois tout un foyer, des paroisses entières, tous marchant en rythmique cadence à la suite de leurs recteurs et de leurs évêques, sous l'inspiration et l'égide de leur grande Sainte-Anne d'Auray, dont on les verra se réclamer instamment auprès de la Fille-Reine.

*
* *

Ils quittent la gare et descendent à travers le boulevard de la Grotte. On dirait un fleuve humain qui déborde sur ces rives hospitalières, une mer qui rugit et se rue vers le port.

Et la foule se déroule, se déroule sans cesse;

Des milliers d'hommes, porteurs de la veste courte, à la double rangée de boutons, le gilet chamarré d'or, la tête coiffée du petit chapeau, dont la forme ronde et les rubans flottants font rêver des marins et de la tempête;

Puis, les femmes aux blanches coiffes gaufrées, aux atours humbles et gracieux à la fois, au teint hâlé par le souffle des brises océaniques.

— Avec ses quatorze trains, Arvor ne prétend nullement le céder à Paris.

*
* *

Dès lors, les rangs vont devenir bien denses, dans ce Lourdes plein de bien d'autres peuples.

Citons, dans la mesure de nos souvenirs : les Rémois, les Luxembourgeois, les Lorrains, les Hollandais, les Belges, au nombre de six mille, croyons-nous ;

Et aussi quelques groupes de Poméraniens, sans mentionner, par exemple, maints et maints personnages et leur suite, de nationalités bien autrement exotiques, car, ici, c'est, en tous temps, le cosmopolitisme achevé.

Encore Angoulême avec sa bannière crêpée, témoignant du deuil du diocèse, en veuvage de date toute fraîche.

*
* *

Que n'avait-on pas le droit d'attendre de la réunion de tous ces éléments ?

CHAPITRE IV

Lourdes

ET

Ses Fêtes

Une Journée à Lourdes

I

LA VEILLÉE DES ARMES

COMME au temps des plus belles époques, les autels sont pris d'assaut durant les douze heures de minuit à midi ; le ciboire se remplit et se vide sans fin ; les mains du prêtre se fatiguent à dispenser le pain de vie.

*
* *

En ville, le monde des hôteliers, si avides des voyageurs à ébergement, en ont enfin leur soûl. L'Abri des pèlerins est, pour plusieurs, l'ultime ressource ;

D'autres, ne trouvent pas mieux que de s'affaler

sur les bancs où, tout à l'heure encore, ils assistaient à l'office divin, pour continuer, sans doute, jusque dans le sommeil, l'action de grâces inconsciemment interrompue, sous l'étreinte d'une trop longue fatigue.

C'était, en quelque sorte, s'endormir sur l'affût, comme il arriva à l'un de nos rois à la veille d'une fameuse bataille.

*
* *

D'autres, plus dispos, ne laissaient pas, un seul instant, s'abaisser les paupières. Prier sous l'auvent du rocher sauvage, alors que le soleil roule ses feux dans une autre hémisphère; réciter le chapelet, former tout le Rosaire, recommencer les quinze dizaines et les recommencer encore, cela se voit beaucoup aux roches Massabielle.

Quelles suaves oraisons, quelles douces larmes, quelles extases au milieu du solennel silence de la nuit, à la clarté discrète des astres au scintillement joyeux, alors que, tout près, retentit, plus puissant, le sanglot des ondes elles-mêmes attendries.

*
* *

Le grand dortoir des pauvres, l'église du Rosaire et la Grotte, trois termes qui sont l'objet d'un va et vient ininterrompu.

On peut bien dire que Lourdes est l'encensoir sans cesse fumant de la prière ; et aussi, ajouterons-nous, une lyre perpétuellement frémissante, car, on fait plus que de murmurer des *Ave*, durant ces nuits exquises, on les chante aussi.

*
* *

A 10 heures, le soir, a lieu la dislocation sur la vaste enceinte, qu'enserrent les gigantesques rampes aux si merveilleux contours.

Le dernier exercice fini, et tandis que la majeure partie des pèlerins se précipitent sur les divers points de la ville à la recherche du nid de repos, bien légitimement gagné, certes, d'autres, non rassasiés encore du divin, se dirigent, en donnant un regain à leurs voix, vers la blanche statue marmoréenne des Apparitions.

Les concerts se poursuivent ainsi jusque vers minuit.

Dans ce groupe, où l'on compte bien encore plus d'un millier de chanteurs, règne un ordre à la nuance plutôt officieuse.

*
* *

Toutes les belles cantates sont redemandées fiévreusement, et on les exécute avec entrain.

Quelques oraisons alternent, mais les flots d'harmonie, très momentanément contenus, jaillissent avec une véhémence nouvelle,

Des corps exténués ne s'arrachent qu'avec peine de ce lieu enchanteur, c'est le mot; et ainsi la sélection se continue lente, mais de minute en minute progressive

*
* *

Les douze coups de minuit résonnent, et soixante exécutants sont encore là, enivrés d'une céleste ivresse sous l'action du feu sacré; une décision est aussitôt prise : on ne se couchera pas, pour continuer les chants jusqu'à l'aurore.

La parole fut tenue par tous ; à une heure on assistait à une messe, où chacun recevait le Dieu fort, mais ce Dieu aussi mille fois plus doux que le plus doux rayon de miel.

*
* *

Quel tressaillement d'amour et d'actions de grâces, dans le plus mélodieux susurrement d'un cantique de communion, choisi avec un tact des plus heureux.

La rive du Gave, la plate-forme de la chapelle byzantine, et le portique du Sanctuaire, troisième ciel, furent autant de théâtres qui virent éclater les hymnes au Tout-Puissant et à la Créature, sa Fille de si haute prédilection.

*
* *

On peut dire que toute la nuit, l'ensemble du glorieux monument fut sous le charme d'une enveloppante mélopée, à rendre jaloux, ou de peu s'en faut, les anges du Ciel, eux aussi en continuelles acclamations devant la Trinité Sainte, et devant la Reine de leurs neuf chœurs.

II

A LA POINTE DU JOUR

Soudain, à la pointe du jour, l'airain sacré résonne; le carillon de la Basilique donne fièrement le signal, la paroisse y répond avec une exactitude automatique;

Et les couvents, à leur tour, se joignent aux sonneries croissantes; la cloche cristalline des Carmélites se mêle au bronze grave de l'Immaculée-Conception; les campaniles joyeux des sœurs de Nevers et des Dominicaines tintent à la fois; c'est l'*Angelus;* c'est aussi le réveil des foules.

*
* *

De toutes parts on s'échappe du toit hospitalier;

les rues et les places retrouvent leurs vagues humaines, et vont les déverser, de plus en plus profondes, aux abords de la célèbre excavation, au pied du saint rocher.

Là, sur la rive embaumée de la pureté et de la fraîcheur du matin, s'exhale de toutes les poitrines la douce et intime prière, que n'interrompt guère encore que le joyeux clapotis de l'impétueux torrent, dont chaque gouttelette, en marche pour l'anéantissement dans la plaine liquide, chantonne, à sa façon, à ne pouvoir en douter, le si gracieux... *Ave, Ave, Ave Maria.*

*
* *

Sunt lacrymæ rerum; même les objets inertes ont leurs pleurs, nous révèle le poète, — pourquoi n'auraient-ils pas leurs tressaillements de joie... et un rire perlé... les gais ruisseaux ?

III

AUTOUR DE L'AUTEL ROULANT ET LA VARIÉTÉ DES CHANTS AVEC LEUR COULEUR LOCALE

Aux Directeurs de pèlerinage, le privilège du bel autel roulant, recouvert de lames d'argent gravé.

L'horaire est scrupuleusement observé, et en conséquence les foules se succèdent sur l'esplanade, où chacun doit stationner à son tour.

La distribution de la blanche Hostie est permanente, durant tout le temps des messes ; et continuellement aussi s'égrènent les strophes des cantiques de la communion, avec une onction particulièrement douce et mélancolique.

*
* *

Oh, naïve Foi ! oh, naïfs accents !

*
* *

Chaque pays apporte sa note de plainte, d'espérance et d'amour ; il y a un caractère local dans les hymnes, comme dans les costumes.

Dans le chant des Bretons, par exemple, tout est flot, tout est bercement, ou tout marche en tempête ; à moments, il semble que l'on entende le cri déchirant du matelot qui sombre, ou même un râle de naufragé.

*
* *

La puissante fanfare, qui se fait l'âme de cette gigantesque chorale, vient ajouter encore à la troublante illusion :

« Sainte Anne, ô bonne Mère,
« Toi que nous implorons,
« Entends notre prière
« Et bénis tes Bretons. »

C'est simple, mais combien touchant ! Touchant jusqu'aux larmes, jusqu'au délire !

*
* *

Oh ! spectacle inouï de beauté et de grandeur ! Et il faut que la base de cette harmonie s'étende encore, et embrasse, dans une ampleur sans égale, d'autres multitudes tout autour enveloppantes.

Irrésistiblement, chacun se fait l'enfant des Landes, aux genêts d'or et aux clochers percés à jour, jusqu'à l'entier dévidage des nombreux couplets, qui vibrent, mélodieux, dans la bouche de milliers et de milliers d'exécutants.

IV

LE QUERCY-ROUERGUE

Un vaillant petit groupe, malgré son infériorité numérique marquée, ne tardera pas à sortir de l'ombre, et à se mettre en évidence, au milieu même des pèlerinages géants, qui l'entourent à l'étouffer.

Quoique de beaucoup le plus modeste, il n'entend pas pour cela se laisser absorber. Mais aussi, dans ses rangs, quel zèle et quel entrain !

*
* *

Que l'Immaculée use de maternelle condescendance, et qu'elle le distingue entre tous, en le traitant en Benjamin gâté, l'intrépide phalange ne l'entend pas autrement ; c'est sa prétention nullement déguisée, et qui paraît jaillir du fond de sa bouillante nature.

*
* *

Un prêtre est à sa tête, à la taille haute, et aux traits énergiques et suavement dominateurs. Sur un signe, tous se pressent à ses côtés, en toutes circonstances et pour tous les exercices.

Faut-il y aller d'une acclamation musicale?... un simple froncement de sourcils, et 500 voix éclatent en tempête, ou murmurent les plus suaves mélodies.

*
* *

La poésie coule à pleins bords, ou encore suinte, ingénue et exquise, de chaque mot admirablement perlé ; ainsi, sur le mont Hymette, le miel découle de sa flavescente gaufre.

L'accent est chaud et vibrant, la phrase pétillante et sonore. Tout trahit un coin baigné de soleil ; tout accuse le généreux Midi, quelque chose enfin comme la Gascogne ou le Quercy-Rouergue.

*
* *

Le charmant dialecte est sans doute pour beaucoup dans l'indéniable succès ; en tout cas, complet le brio ; et comme une traînée de poudre, le refrain s'épanouit sur toutes les lèvres, fourni par le plus enthousiaste des souffles.

C'est le triomphe de l'antique langue des ancêtres, qui se retrempe dans une jeunesse nouvelle, et se rehausse, à se diviniser presque, en exaltant les gloires et les tendresses de la Mère d'Amour, en chantant l'auguste Vierge des retentissantes Apparitions.

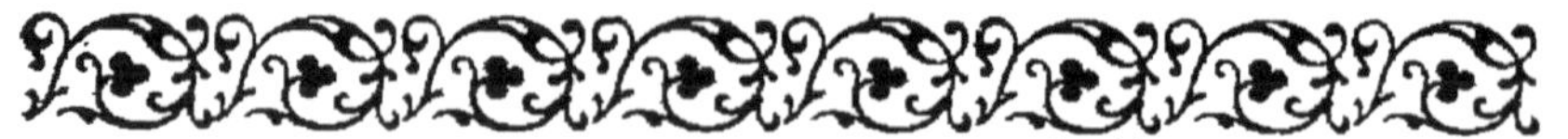

V

AUX BELGES LA PALME DES PLUS RICHES CANTATES

Et, puisque nous en sommes à l'article du chant, n'oublions pas les cantates des Belges. Ici, c'est l'art musical dans sa plus délicate floraison.

On connaît assez la mélomanie des gens du Nord. Messieurs des Pays-Bas ne font pas exception.

Aussi, aux pieds de leur Reine des Pyrénées, comme dans un concours orphéonique, on les vit remporter avec grande maëstria, la médaille d'or grand module.

***

Leurs morceaux, de quelle céleste mélopée, et

de quels gracieux accords, dans une exécution en tous points impeccable !

D'autre part, quelle masse chorale ! des chanteurs... encore à centaines, à centaines...

*
* *

Nous aurons le plaisir de retrouver à l'œuvre, et sans qu'il y ait long temps, ces fidèles pèlerins qui ne redoutent pas les longs chemins pour atterrir annuellement à Lourdes,

Et qui, non contents, durant tout leur séjour, d'assister, avec une piété exemplaire et une édifiante exactitude, aux multiples et si divers exercices de la Grotte, arrivent encore à faire, de leur « home » d'emprunt, une véritable annexe du Sanctuaire, par la continuation de leurs prières et le murmure de leurs cantiques.

Spectacle peu banal, on l'avouera, et qu'il nous plaira de mettre en relief dans l'un des suivants paragraphes.

*
* *

Oh, nous n'avons pas encore tari le sujet touchant ce beau Pays, frère et ami du nôtre :

Nous savons qu'il accourt régulièrement au rocher béni deux fois l'an, en mai, avec huit ou neuf trains et 300 malades ; et en septembre, comme nous en faisons à cette heure l'heureuse constatation.

*
* *

Bien fatigant et bien long le voyage de Bruxelles, mais aussi quelles sages précautions et quel confort dus à l'association de Notre-Dame de la Croix.

Le train-hôpital est un modèle du genre, avec compartiments aménagés pour les malades et les cuisines. L'un des wagons sert de chapelle. Tout un personnel est attaché à cette ambulance roulant à toute vapeur : aumônier, médecins et infirmières.

*
* *

Ah, certes, ce point que la mer du Nord baigne dans toute l'étendue de sa côte accidentée, et qu'elle visite parfois même dans son intérieur, cette nation d'élite, ne néglige pas de visiter la « Belle Dame pyrénéenne. »

C'est même durant l'hiver, qu'on aborde à

Lourdes par petits groupes ; c'est même là, — et aujourd'hui l'usage en est constant, — que les jeunes couples, un peu fortunés, viennent placer, sous les auspices de « Marie », l'avenir du nouveau foyer.

*
* *

Le fait est incontestable, nos amis du Nord recherchent une part des gâteries célestes imparties à Lourdes, aux membres de l'universelle famille humaine qu'on voit y affluer en si grand zèle.

VI

BRANCARDIERS, FONTAINES ET PISCINES

Si le soleil, disions-nous plus haut, est l'un des éléments de toute fête populaire, — bien souhaitable, au moins, si non absolument essentiel, — dénonçons encore comme tel les griseries musicales. De ce double chef — qu'on me réponde donc — ne sommes-nous pas servis à souhait ?

Les foules se meuvent et ondulent dans les vastes espacements, visitent et remplissent les diverses dépendances du complexe oratoire, chacun en conformité avec les intimes besoins de son ascétique piété.

Les malades et les infirmes font leur apparition et se laissent disposer, comme sur un champ de bataille, à proximité de la Grotte et devant les piscines, portés sur des civières ou traînés sur des chariots.

*
* *

Les brancardiers vont, viennent, déjà affairés, tous munis de larges bretelles à cuir jaune et à crochets d'acier, sublimes portefaix de la divine Charité, ne perdant rien pour cela de leur distinction sociale et native.

*
* *

Les dames hospitalières, la croix rouge piquée sur leur corsage noir, papillonnent avec leurs ailes d'ange, se mettant en contact avec toutes ces plaies humaines, bien étrangement rapprochées, on en conviendra, et comme pour former un tableau à effet entièrement décisif sur le cœur du suprême Maître des éléments et de la vie.

*
* *

Les fontaines sont inabordables et le resteront jusqu'à nuit close, si nombreuses et avides les lèvres qui veulent y étancher leur inextinguible soif.

*
* *

Les trois compartiments de baignoires fonctionnent sans discontinuer.

Ici et là, autour de l'ambon et partout, les prières s'accentuent, s'exaspèrent, à moments les bras en croix, et parfois encore le front dans la poussière.

Les interpellations du créé au Divin se succèdent, dans des intonations de plus en plus impérieuses, véhémentes.

*
* *

— Marie, nous vous aimons, — s'écrie un prêtre à l'âme d'apôtre.

— Marie, nous vous aimons, — clame la masse des fidèles.

Et le dialogue se poursuit ainsi longtemps, longtemps :

— Vierge puissante, sauvez nos malades.

— Seigneur, sauvez-nous, nous périssons.

— Seigneur, si vous le voulez, vous pouvez me guérir.

*
* *

La dolente psalmodie du *Parce Domine* alterne avec ces traits de flamme, vraies oraisons jaculatoires, croyons-nous; les cœurs sont sous le coup d'électriques commotions.

Les larmes jaillissent de bien des yeux; l'attitude des malades, couchés sur leur grabat, est sublime de résignation et d'implorante piété.

*
* *

Le Ciel ne reste pas toujours insensible à tant de supplications; et parfois, au grand délire de l'assistance, il répond par le miracle si vivement attendu.

VII

L'ASCENSION DU CALVAIRE ET LES GROTTES DES SPÉLUGUES

La journée est lancée, et les pèlerins, en quelque sorte hypnotisés, ne s'arracheront de ces lieux que pour aller prendre — oh ! en toute hâte — un repas bien sommaire.

Les exercices succèderont aux exercices, les cérémonies aux cérémonies, dans la chapelle du Rosaire, à la Basilique, et sur tous les autres points topographiques si naturellement présents à la mémoire de tous.

*
* *

Il n'est que neuf heures, un mouvement se dessine bientôt, avec direction vers les hauteurs du Calvaire. Commencent, en effet, les chemins de la croix. Les divers pèlerinages se suivent à se toucher. Au faîte, une allocution de circonstance attend chaque groupe.

La descente devient intéressante et pittoresque, en s'effectuant par le passage dans les grottes dites *spélugues,* dont les longs couloirs constituent une partie du sentier à suivre.

Les voix redevenues libres, — la haletante escalade finie, — s'en paient à cœur-joie, surtout dans les cavités rocheuses, qui en développent si avantageusement les qualités sonores, par le fait de leur surprenante acoustique.

*
* *

Et, pendant ce temps, en bas, l'étiage des foules ne s'est pas sensiblement modifié ; les flots humains ne cessent d'encombrer trottoirs et parapets, carrefours, avenues, esplanades et allées.

*
* *

Mais, ne quittons pas les Spélugues sans avoir payé notre tribut d'éloges aux imposantes grottes qu'on y rencontre.

Elles ont bien perdu, nous dit-on, de leur aspect primitif passablement sauvage; et, entièrement assagies, elles sont devenues comme une annexe de la Basilique.

*
* *

Les ouvertures en sont fermées par une robuste grille. Plus de stalactites aux voûtes, dont le suintement est habilement endigué.

Dans la salle de gauche, la plus vaste, un autel en marbre se dresse, au milieu, avec décence; sur l'autel est placée une Descente de la croix; la Vierge reçoit Notre-Seigneur dans ses bras; à côté, un Christ cloué sur une croix en bois, et, au pied, une Vierge en pleurs et saint Jean, le disciple de prédilection.

Dans la grotte contiguë, une autre statue représente sainte Marie-Madeleine.

VIII

JUSQU'AU MILIEU D'UN REPAS, L'EXÉCUTION DES PIEUX CANTIQUES

Il faut le dire : Lourdes n'est pas une ville ordinaire ; c'est une cité pleinement conquise par le mysticisme concentré de tout l'univers.

Les pèlerins y tiennent le haut du pavé ; ils sont maîtres et seigneurs ; la rue leur appartient ; ils la remplissent — et à leur guise — de leurs manifestations de foi.

Dans les hôtels, de la table d'hôte ils font une table patriarcale et véritablement à eux.

***

J'avais pu trouver refuge à l'hôtel d'Angleterre,

où Messieurs les Belges avaient accaparé toutes les chambres, une seule cependant exceptée, par mégarde, sans doute ; et, c'est au milieu de ces voisins de doulce France qu'il me fut donné de prendre mes repas.

Ils étaient bien trois cents, et, par le fait, je devins comme l'un d'eux, ma chétive unité si largement noyée dans leur nombre. Je ne dis pas pour cela moins heureux les trois jours ainsi passés.

*
* *

Sans doute, je n'eus guère sous mes yeux que l'élite d'une nation, renommée du reste elle-même par sa tenue toute de dignité et ses sentiments hautement catholiques. Mais aussi, combien exquise leur politesse, et franche et aimable leur jovialité !

*
* *

Voici un fait qui peindra sur le vif les nobles étrangers, mes inoubliables commensaux, tout en mettant en vedette l'un des caractères de la royale ville de « Marie ».

*
* *

C'était vers le milieu de notre déjeuner ; sur le seuil du *triclinium* — décidément nous nous laissons inspirer du *Quo vadis*, à cette heure en si grande faveur, — des instrumentistes nous donnent un morceau de leur répertoire.

Ce n'était là qu'un prélude, car, passées quelques pauses musicales, leurs cordes se faisant extrêmement douces et alanguies, égrènent — en toute sourdine et avec une légère teinte au moins de minauderie, des notes qu'on devine plus qu'on ne les perçoit.

Notes évocatrices du plus ravissant des cantiques, du cantique éminemment harmonieux, que tout le monde connaît, que tout le monde chante et qu'on ne se lasse jamais d'entendre ;

Du cantique entrevu souvent dans la céleste féerie d'un rêve, et qui berce et illumine quelques-unes de nos mystiques veilles.

A ces caractéristiques détails, qui n'a reconnu le gracieusement obsédant *Ave, ave, ave, Maria ?*

*
* *

L'attention est à l'instant fixée; cesse tout aussitôt le cliquetis des fourchettes et le brouhaha des conversations, montées déjà au plus fort de leur diapason.

Dans un silence profondément religieux, chacun prête une oreille plus qu'attentive, comme s'il s'agissait au moins d'un chef-d'œuvre incomparable et nouveau.

Quelques voix se hasardent dans un fredonnement tout d'abord des plus discrets ; on s'encourage vite d'un sourire mutuellement approbateur, et ma foi, ça y est : on n'ingurgite plus, on chante.

*
* *

Après un moment de répit, c'est, de la part des symphonistes, l'attaque vigoureuse d'un hymne à la mesure accentuée et fière :

« Nous venons encor
Du pays d'Arvor,
Où le sol est dur,
Où le cœur est fort ;
Fiers de notre foi,
Notre seul trésor,
« Nous venons, nous venons d'Arvor. »

En conséquence aussi, les voix éclatent en accents mâles et presque guerriers.

*
* *

Les agapes s'étaient élevées à la hauteur d'un banquet ; le banquet était devenu concert : ce n'était plus de la joie, c'était de la frénésie, comme on peut en éprouver les extatiques effets, au ciel ou... à Lourdes.

IX

L'ÉCARLATE INSIGNE FAISANT L'EFFET DE TICKET

Mentionnons encore, et sans insister, la solennité des Vêpres et du Salut, à des heures diverses, dans des locaux divers, pour les divers pèlerinages.

C'est l'heure des grands discours, des paroles éloquentes préparées avec le plus grand soin, et jetées, du haut des chaires, dans des nefs recueillies et à écho fidèle.

***

Pour le moment, et encore à l'instar des précédentes heures, les foules sont séparées des foules;

seule l'insigne — pour l'ordinaire au fond écarlate ou ponceau, avec effigie de la croix, de la Sainte-Vierge ou du Sacré-Cœur, — peut vous réunir aux vôtres; aussi, dans ce but, doit-elle s'étaler sur la poitrine pour tenir lieu de ticket, et, il faut l'avouer, on n'y manque guère.

*
* *

A vrai dire, elle a son côté décoratif, sur tout habit riche ou pauvre. Son utilité est incontestable et se mêle à un charme réel. Durant le voyage, elle dit aux étrangers le but à atteindre ou déjà atteint ; dans la pacifique mêlée, elle désigne les compatriotes, qu'on ne saurait souvent reconnaître d'une autre façon.

Grade uniforme, elle établit entre tous une parité parfaite, répondant au sentiment de fraternité dont tous les cœurs sont épanouis.

*
* *

Enfin, dans son caractère symbolique vite saisi, elle vous souffle le nom de telle autre province ou de telle autre contrée. C'est le numéro matricule qui désigne le régiment et rappelle le chef et le drapeau.

Elle est parfois un motif de fierté, et quelquefois de légitime orgueil. Bien souvent encore elle donne occasion à déférence et à courtoisie.

*
* *

Cela me remet en mémoire une scène, en vérité bien touchante, et dont voici en deux mots l'émouvant récit :

Un jeune Lorrain, reconnaissant, par ce seul morceau de soie dont il vient d'être parlé, un solide gars breton, dont l'âge pouvait balancer le sien, se précipite dans ses bras, tout en larmes, en faisant éclater, dans un profond sanglot, un regret à patriotisme rétrospectif :

« Vous autres, du moins, dans votre vieille Armorique, avez pu garder inséparablement unis, comme en un seul bloc granitique, les deux sentiments de Foi et de Patrie !... »

*
* *

Oh ! l'insigne bénie n'est nullement dédaignée ;

elle a ses collectionneurs; et, en tous cas, dès le retour au foyer domestique, on la place dans le riche sachet, dans le plus précieux écrin, parmi les objets de plus haute valeur, à la façon d'un talisman, d'un palladium sacré.

Le monceau est déjà par lui-même une parole éloquente, disant l'amour voué à la « douce Dame des Apparitions ».

***

Plus tard, aussi, un ticket sera exigible pour l'entrée dans le palais, — oh ! celui-là, et non par métaphore, mais en toute réalité... céleste. Ah ! qu'on n'en doute pas, les insignes de Lourdes forceront ce difficile passage; et, pour toute preuve de notre affirmation, appelons-en au véridique adage : « Le dévot serviteur de Marie ne saurait périr ».

X

MIRAGE AU TON DIAPRÉ, OU LES FOULES RUISSELANTES SAUPOUDRÉES DE SOLEIL

OH! les foules! oh! les entassements! oh! les remous du va-et-vient continuel, souvent aux courants contraires, et parfois les singulières et fantasques illusions dans ce branle-bas général de la vaste fourmillère.

*
* *

J'étais appuyé sur la balustrade de l'une des cyclopéennes rampes. Les Bretons, leur office achevé, sortaient du Rosaire.

A mes yeux rêveurs, la large baie, qui donne

issue à leurs rangs compactes, n'est bientôt plus un portail, mais bien une écluse aux bouillonnantes eaux... une fontaine vomissant, avec force, des flots avides du grand dehors. L'écoulement est continu et semble vouloir s'éterniser; la source serait-elle intarissable ?

Et, sur l'aire de la spacieuse place, les ondes s'étendent, par plaques d'abord, pour se faire de plus en plus envahissantes ; elles percent même à travers d'autres couches, du reste d'une homogénéité parfaite.

*
* *

Mais, voici que l'illusion se transforme et grandit : — grâce parfois à la richesse des tissus et à la variété des costumes, — grâce aux mille nuances dans les toilettes aux tons légers, — grâce à l'éclatante blancheur des coiffes gaufrées, — grâce aux parements de velours et aux chamarrures dorées, — grâce au coloris et au pourpre des faces illuminées, — et surtout, oui, surtout, — grâce à un soleil qui, de sa rutilante radiation, saupoudre tout en prince généreux,

On eût dit, à s'y tromper, non plus des flots, mais un ruissellement de paillettes d'or et de diamants,

Une jonchée de rubis, d'émeraudes, d'agates, de topazes, de girasols, d'opales, de saphirs ;

En un mot, non plus un lac, mais une mosaïque vivante aux effets des plus chatoyants.

*
* *

L'immense ruche, non pas sur un point, mais sur tous à la fois, est pleinement active et bourdonnante, ainsi que nous l'avons vu, aux diverses heures du laborieux matin.

Chaque abeille, seule, ou dans son rayon familial, s'occupe à former le suave miel des honneurs dus à Marie, et des adorations à payer au Très-Haut.

*
* *

Assez, jusque-là, d'initiatives privées, et d'exercices simultanément multiples ; l'essaim, dans son grand ensemble, est appelé à donner tous ses efforts, pour la commune procession du Saint-Sacrement, et la marche triomphale dite *procession aux flambeaux*.

CHAPITRE V

Lourdes

ET

la Procession

DU

St-Sacrement

Une Journée à Lourdes

I

L'ARCHE SAINTE SE FRAYANT DIFFICILEMENT UNE VOIE A TRAVERS UN OCÉAN DE TÊTES

IL est quatre heures ; nous assistons à une vraie marée montante, prête à rompre toutes les digues.

C'est alors qu'il convient de faire appel à la double haie de brancardiers, pour permettre à l'arche sainte, qui s'avance sous le dais, une traversée pas trop accidentée et sans fâcheux tangage, au milieu de tout un océan de têtes.

Certes, pas plus que la piété, la docilité ne fait défaut ; mais, comment résister à des dilatations, à des poussées dont personne n'a conscience? Aussi bien, dans les grands moments, lorsque, par exemple, le miracle éclate, est-il nécessaire de se défendre par la double chaîne.

*
* *

« Serrez vos rangs, encore, encore! et les bras solidement noués! ».

Ainsi clame le chef à l'escouade attentive; et des adolescents, choisis parmi les plus vigoureux, bâtissent une espèce de mur, épaule contre épaule, les bras liés à la taille et au cou.

*
* *

Ailleurs, on refoule les masses avec de la cavalerie; ici, plus respectueux des multitudes ambiantes, on se contente de les maintenir par le moyen d'une palissade vivante.

On ne saurait nier les services rendus par cette légion d'hommes généreux, si admirablement disciplinés, et parmi lesquels il serait possible de citer des personnages de la plus haute lignée.

*
* *

Oui, à Lourdes, nous sommes frappé de l'immense harmonie qui ne cesse de régner un instant à tous les degrés de l'échelle et sur tous les points de la périphérie :

Harmonie ayant trait au théâtre lui-même, que chaque année voit s'étendre et s'embellir, dans des proportions à défrayer toute imagination :

Harmonie dans le programme des fêtes ;

Harmonie dans le maniement des masses.

*
* *

Soyons juste, et, par-delà le bras, voyons aussi, et surtout, la tête qui dirige.

Oui, l'ensemble de si heureux résultats, rapportons-le aux missionnaires, gardiens de la Grotte, aux dignes continuateurs de M. le doyen Peyramale, aux dociles et prudents mandataires de Nos Seigneurs les Evêques de Tarbes, dont ils ont su mériter, en tous temps, l'entière confiance.

Nomnoms l'un d'eux : le Révérend Père Sempé, de si glorieuse mémoire, et qui réveille l'idée de tous les grands travaux, postérieurs à l'inauguration de la crypte.

*
* *

A ces bons chapelains, le secret de toute modestie et de toute abnégation.

A eux, le secret des délicats accueils.

A eux, encore, le secret d'uue plume érudite et gracieuse qui en fait les secrétaires modèles de la bénigne « Marie ».

A eux, tous les mérites, même celui d'un certain martyre. Chacun, ici, nous comprendra, quoiqu'il nous plaise de nous condamner à une extrême réserve.

*
* *

Ils ont beau s'effacer devant leurs nobles visiteurs, ils restent, les Révérends Pères, ils restent au fond, et bien effectivement, l'âme de toutes les organisations, l'âme de toutes les fêtes et le principe de tous les succès.

Mais, revenons vite à cette procession qui s'apprête à dérouler ses innombrables anneaux.

Toutes précautions prises, le cortège sacré pourra évoluer en toute sécurité.

Déjà, s'ébranlent bannières et étendards, et, avec ordre, défilent suisses empanachés, acolytes et croix processionnelles.

Les hommes — et exclusivement les hommes — forment les rangs ; les Bretons dominent, fièrement déployées leurs enseignes de confréries paroissiales, de soie et de velours, aux couleurs tendres et vives, et dont les ors, répandus à foison, scintillent sous les rayons obliques de l'astre toujours royalement drapé, quoique aux trois quarts de sa course diurne.

***

Suit un nombreux clergé, pas moins de deux cents prêtres en simple soutane, une centaine en surplis neigeux, une vingtaine revêtus de chasubles d'or ; tous portent des cierges allumés, tous chantent le *Lauda Jerusalem Dominum.*

Les encensoirs fumants laissent exhaler leurs plus précieux parfums, et se balancent avec grâce devant la riche Custode, enchâssée dans un vrai soleil, que supportent les mains vénérables du prélat officiant.

II

LA NATURE ENTIÈRE S'ASSOCIE AU TRIOMPHE

Avec une ampleur des plus majestueuses, la procession s'étend dans le jardin, à la longue pelouse centrale, et contourne au point extrême, non loin du Pont-Neuf, par-delà le rond-point Saint-Michel, pour rétrograder, par la seconde allée parallèle, jusqu'à l'esplanade du Rosaire.

* * *

Il y avait plus que les cœurs qui battaient, la nature tressaillait à l'unisson.

De toutes parts, les cloches épandaient leurs plus belles volées. Au nord, sur la rive droite, les nombreux couvents présentaient leurs blanches façades, enluminées d'un reflet rose, sous l'éclatante pourpre du couchant.

Ainsi, les Carmélites, les Dames de l'Assomption, les Dominicaines, les Sœurs de Nevers; et, du côté de l'est, les deux villes de Lourdes si disparates, et le château sourcilleux, naturellement évocateur d'un passé en si grand contraste avec l'actuelle réalité.

*
* *

Et toujours, sous le règne d'un religieux recueillement, l'immense amphithéâtre de coteaux, de collines et de montagnes, couronné d'innombrables cimes perdues dans le ciel bleu, et qui étincellent encore sous les derniers adieux d'un soleil à son déclin.

Benedicite, montes et colles, Domino! Apparemment, tous les anges du Paradis sont employés, à cette heure, à porter l'invitation céleste aux puissantes masses granitiques, pour les faire sortir un instant de leur passivité... héréditaire.

*
* *

Signalons les hauteurs du Buala, la serre de Julos, le Miramont, le Ger et le grand Ger, ce dernier, le flanc tout fraîchement sillonné d'un chemin de fer presque aérien, à traction électrique, ayant ses gares, son hardi viaduc et ses tunnels,

Et dont le sommet, planté d'un Calvaire, rayonnant de lumière même dans les nuits d'hiver, est un point d'observation admirable, permettant de plonger bien avant dans la chaîne centrale des Pyrénées, par exemple jusqu'au pic de Vignemale, par-delà Cauterets, alors qu'il offre, sur le point opposé, le grandiose panorama de la plaine de Tarbes et de Pau.

III

ÉTONNANTE MISE EN SCÈNE ET ACCLAMATIONS

La marche du Saint-Sacrement est de plus en plus triomphale.

Çà et là des musiques et des fanfares alternent avec des chœurs, ou s'harmonisent, pour telle entraînante reprise, avec les voix humaines, supérieures décidément à toute fatigue.

Or, tous ces éléments, essaimés pour l'animation à entretenir sur toute la ligne, vont se trouver bientôt réunis, instrumentistes et chanteurs, en un faisceau unique, et alors combien puissant ! sur le perron de la romane chapelle, en affleurement presque avec la rive.

Là aussi, viennent se ranger tous étendards, bannières et croix, rideau à pavois caractéristiques où, par surcroît, se mêlent encore les surplis de neige, les camails de chanoine, et l'habit de chœur des dignitaires-prélats.

* * *

Et ce n'est encore qu'une partie de la mise en scène, l'un des deux petits côtés d'un immense rectangle, dessiné au milieu de cet espace, que circonscrivent les deux magistrales rampes, dont on admire tant le gracieux de ses volutes.

* * *

Le cadre intérieur est formé par une suite continue d'infirmes aux situations les plus diverses, et aux poses quelques-unes suavement hiératiques.

Les multitudes font cercle tout autour, en ondulations profondes ; ou bien, formées en grappes humaines, paraissent appendues dans le plan oblique de la double voie convergente, hissées sur les balustrades, parapets et balcons, et en général sur toutes les saillies. Ainsi un Zachée qui, chétif de taille, émerge au moins grâce au complaisant sycomore.

*
* *

Une assistance de trente à quarante mille, ne le cédant en rien à celle du pèlerinage national, qui tout récemment encore remplissait ces mêmes lieux. — Le dais arrive enfin lui-même et déambule auprès des malades, qu'on surprend dans une attente anxieuse. Dès son apparition, il est acclamé par une voix solennellement retentissante, à faire frissonner de la tête aux pieds :

*
* *

— Hosanna, hosanna, gloire au Très-Haut !

— Hosanna, au fils de David !

— Seigneur, nous croyons en vous !

— Vous êtes notre Dieu, notre Maître, notre Roi !

— Seigneur, si vous le voulez, vous pouvez me guérir !

— Seigneur, souverain Maître de la santé et de la vie, guérissez nos malades !

*
* *

Et les foules, fouettées, vivement cinglées par

ces ardentes paroles, s'en font, à leur tour, une arme contre l'apparente impassibilité du Ciel ; et, ici, l'écho n'est pas moins que la voix initiale dix et cent fois centuplée.

C'est une tempête de doléantes clameurs, une explosion formidable de foi et d'amour, à ébranler, jusqu'à leur base, les plus gigantesques montagnes, et à laquelle il faut bien reconnaître la stupéfiante vertu d'ébranler la volonté divine, en lui arrachant, de temps à autre, l'un de ces miracles, dont parfois on la croirait un peu avare.

CHAPITRE VI

Lourdes

ET L'UN DE

Ses Episodes

Une Journée à Lourdes

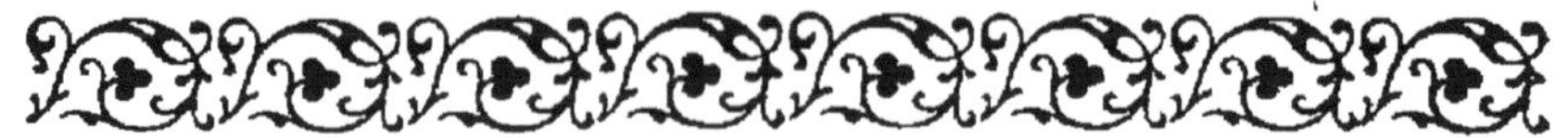

I

NE DIRAIT-ON PAS D'UN COLYSÉE ANTIQUE ?

Et qui ne sera porté ici à faire un rapprochement ?

Ne dirait-on pas d'un colisée antique ?

Nous avons, hélas ! nous-mêmes les pantelantes victimes des maux insignes et des plus lamentables épreuves ; et tout un peuple, sous l'étreinte d'une poignante pitié, implore, — non pas un César, un augustule, un divin stupidement mortel, — mais le César des Césars, l'Auguste par excellence, le Père des siècles et de l'Au-delà infini et éternel.

* * *

Et, — que l'on ne s'y méprenne — si l'on fait

violence à Dieu, c'est moins pour les bénéficiaires que pour le suprême Dispensateur ; car, ce que l'on désire, avant tout et par-dessus tout, c'est la manifestation de la Puissance divine, et la glorification de son Nom trois fois saint.

Les malades ne sont pas à Lourdes pour une autre fin, et leur guérison n'a pas d'autre but.

Ce sera toujours dans l'Eglise, et suivant l'ordre divinement marqué, l'*Adveniat regnum tuum* en première ligne ; le *Libera nos a malo* ne viendra qu'à son tour, en dernier lieu, et comme par surcroît.

* * *

Le dais fait une visite circulaire, avec un arrêt distinct devant chaque infortune. C'est le moment solennel, entre tous, et plus spécialement réservé pour l'éclosion du prodige.

Aussi, les regards, combien irrésistiblement convergents, vers le point unique de la blanche Hostie, d'où peut s'échapper, à chaque instant, cet ordre olympien qui sait si bien se jouer des plus formelles lois de la Nature !

On ne respire plus; chaque tressaillement, même le mieux contenu, se répercute en émotion générale; les larmes, tenues en réserve, sont prêtes au jaillissement.

*
* *

Le circuit entièrement achevé, le cortège sacré va prendre la ligne médiane pour se rendre jusqu'au parvis, du haut duquel une solennelle bénédiction tombera sur ces rangs pressés, et verra les fronts, lourds du trésor de la foi, s'incliner profondément, ainsi que les épis dorés, pleins de leur féculeuse richesse, sous la rosée rafraîchissante du matin, ou sous le souffle d'une brise légère.

Il était dit cependant que Jésus eucharistique ne devait pas opérer sa retraite sans s'être attaché, à son char de victoire, une créature comblée de sa spéciale faveur.

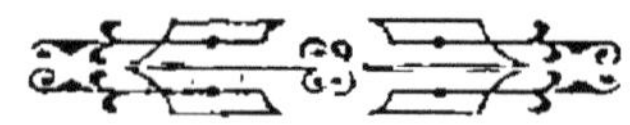

II

LE MIRACLE — C'EST PAIN BÉNIT A LOURDES

JE suis guérie ! je suis guérie ! — tel le cri soudainement jeté au milieu du délire de tous — et de quel délire ! — par une douce voix de jeune fille, au moment psychologique du retour vers l'église du Rosaire.

Et le geste corroborait la parole, car de fluettes mains balançaient triomphalement en l'air des béquilles, fort heureusement devenues inutiles, quoiqu'il restât encore un dernier vestige de claudication.

*
* *

Des guérisons, il s'en était produit la veille et le

matin même, comme il devait s'en produire le lendemain, et de signalées. Le miracle, mais c'est pain bénit, sur le terrain de l'Immaculée.

Les plus grands impies — et certes leurs écrits en font foi — ne peuvent en révoquer en doute l'écrasante matérialité, sauf à se couvrir du plus grossier ridicule, par le recours à une spécieuse dialectique qui prétendrait tout naturaliser, et qui n'est, après tout, que le faux-fuyant laissé en suprême ressource à l'orgueilleuse raison aux abois.

Aussi bien, au milieu de cette abondance, de cette pléthore, allais-je dire, je m'en tiens au cas unique de Mlle Marcelle C...

*
* *

J'aurais pu le choisir plus éclatant et plus officiellement avéré; mais, pour me révéler la puissance créatrice, la simple gouttelette d'eau a l'heur d'agir sur mon esprit aussi efficacement que l'entier bassin des mers: et, il me plaît, ne serait-ce que pour ne pas marcher dans l'ornière commune, de m'en tenir à ce qui n'est bien, je le sais, qu'une simple amélioration, ou même une guérison à effets progressifs, mais toujours sous une influence divine.

* * *

—Et par là, quoique privé de son éclat habituel, nous avons le miracle dans sa partie essentielle; miracle de second ordre, si on le veut, — et encore même, si on le préfère, simple assistance céleste, simple bienfait, n'atteignant pas moins son but auprès des personnes qui s'en reconnaissent les bénéficiaires.

Et puis, je me fais un scrupule de ne citer que ce que j'ai vu, ouï et en quelque sorte palpé, et que je sais être en tous points authentique. Au lecteur d'en juger par la simple lecture d'une réponse de l'héroïne à l'auteur de ces modestes pages.

Un mot cependant avant la production du document.

III

MARCELLE
LES BÉQUILLES ET LE TYRANNIQUE APPAREIL OFFERTS EN TROPHÉE

Mademoiselle Marcelle C..., âgée de dix-neuf ans, habite avec sa famille à A... durant la belle saison, et à Lyon, l'hiver.

Vers la douzième année, à la suite d'une chute sur glace, la pétulante enfant fut clouée, pendant deux ans, sur un lit de douleur.

De plus, pendant une certaine période, il lui fallut subir diverses opérations qui mirent ses jours en danger. Dès lors, elle ne put reprendre l'usage de la locomotion qu'en s'aidant de la crosse traditionnelle, le siège du mal n'ayant pas cessé un instant, pendant les huit années, de garder son même état morbide et sanguinolent.

*
* *

Mlle Marcelle vint à Lourdes, en dehors de tout pèlerinage, accompagnée d'une honorable demoiselle, amie d'enfance de sa mère. On sait comment elle se déclara guérie.

Interrogée, au bureau des constatations, par M. Boissarie, l'éminent directeur, qu'assistaient une vingtaine de ses collègues, elle répondit, avec quelle touchante ingénuité, sur les diverses circonstances et phases de son infirmité accidentelle. Et, lorsqu'on lui demanda l'attestation de son médecin ordinaire :

*
* *

« Mon médecin, c'est M. Ollié à Lyon ; et, à la vérité, je me suis échappée pour Lourdes sans prendre son ordonnance ; mais aussi, je ne savais pas que le miracle dût me guetter, et qu'il fallût me prémunir pour sa constatation officielle.

En tout cas, ça y est, même en dépit de toute possibilité de contrôle : J'étais malade et je suis guérie ! Je me traînais avec une peine extrême, malgré le concours des ci-devant béquilles, et je me sens dégagée et alerte ; — et cet étayage, dont ne pouvaient se passer mes pauvres jambes, je le voue inexorablement au rancart. — Mais, je me sens une autre superfluité depuis longtemps gênante... »

* * *

Et, en effet, séance tenante, et tout à côté, dans un cabinet particulier, on lui enlève un gros appareil fixé à la hanche et qui contournait toute l'étendue du bassin ; trophée nouveau remporté sur la douleur et qui fut offert, lui aussi, en hommage à l'aimable Dame et Reine de ce rivage de Massabielle, à jamais béni.

IV

IL FALLUT EN APPELER A LA PROUE POURFENDEUSE

L'ACTION de grâces, à la Grotte, fut d'un touchant spectacle; un regard tendrement filial tint longtemps enveloppée la blanche statue de marbre; aux cils perlaient de douces larmes; et quels concerts d'amour d'un cœur gonflé d'ivresse! Ce fut une longue et ravissante extase.

Enfin le frêle corps, qu'accablaient encore les fatigues de toute une rude journée, soupirait après un temps d'absolu repos.

Marcelle prit congé de l'auguste Marie, et ce fut en appliquant sa bouche heureuse sur la paroi, humide déjà de millions et de millions de baisers, aucun des pieux visiteurs ne manquant de se conformer à ce traditionnel et doux usage.

*
* *

Le passage au milieu de la foule avait été tout à l'heure des plus laborieux. Comment s'effectuerait le retour ?... Voir l'enfant du miracle, et toucher le bord de sa robe, — comme l'on toucherait une relique, — était le rêve de tous : aussi quelle houle à prévoir!

Les brancardiers prirent les grandes dispositions; les plus intrépides remplirent le rôle de la proue pourfendeuse, et, dans ce sillage, s'avança tranquillement la voiturette, garantie sur les flancs comme par une double muraille d'airain...

*
* *

Sur l'esplanade du Rosaire, à cette heure en partie évacuée pour le repas du soir, le véhicule put prendre une allure plus rapide : on avait hâte de se dérober à des manifestations prenant vite le caractère d'une véritable ovation ;

Et de fait, ce retour à l'hôtel Royal, où elle avait pris domicile, fut bien un commencement de triomphe pour l'angélique enfant, qui allait désormais pouvoir manœuvrer, en toute aisance, des pieds depuis si longtemps restés inertes, et aujourd'hui rajeunis par le fait du miracle.

* * *

Mandée par dépêche, sa famille arrivait à Lourdes deux jours après.

V

DÉTAILS SUPPLÉMENTAIRES PAR RÉPONSE CATÉGORIQUE

Ce que je viens de décrire, je l'ai vu, de mes propres yeux vu : je vis l'étonnement des premiers pas inhabilement ébauchés ; j'entendis le dialogue à la barre de la science médicale ; je fus l'heureux témoin de la visite à la Grotte et du retour si prodigieusement émouvant.

***

Le lendemain, admis auprès de Mlle C..., j'eus l'honneur, pendant quelques instants, de la faire l'objet d'une interwiew. Il me fallut même plus tard des détails supplémentaires, et voici mes questions ramenées à leur plus succincte formule :

*
* *

— Mademoiselle Marcelle, où en êtes-vous de vos forces ? Votre état s'est-il maintenu ? et peut-être se serait-il amélioré ? Reconnaissez-vous, dans votre cas, le caractère du surnaturel ? Qu'en pense votre famille et qu'en pensez-vous vous-même ?...

La réponse fut catégorique. Qu'on en juge :

*
* *

A..., 10 novembre 1900.

Monsieur l'Abbé,

Je vous aurai peut-être fait attendre plus qu'il n'eût convenu ; mais aussi, ai-je si peu de temps à moi, depuis mon retour de Lourdes. J'ai reçu nombreuses lettres, et chaque jour amène de nouveaux parents, de nouveaux amis, qui viennent constater la bonté de Notre-Dame sur mon humble personne.

*
* *

Demain dimanche, 11, il y aura deux mois que la Sainte-Vierge, dans sa miséricorde infinie, a bien voulu me confisquer les béquilles. Depuis ce jour, non seulement mon état s'est maintenu, mais il s'est même amélioré.

Je marche avec une facilité croissante, beaucoup plus vite qu'aux premiers temps, et en boitant beaucoup moins. Enfin, au dire de toutes les personnes qui me revoient, j'ai entièrement changé de figure ; j'ai perdu, paraît-il, mon visage maigre et anguleux.

* * *

Vous le voyez, Monsieur l'abbé, la Sainte Vierge me comble à m'effrayer presque. J'espère que vous voudrez bien la remercier avec moi. Me sentant bien incapable de m'acquitter toute seule d'une pareille dette, auprès d'un chacun et de tous je ne cesse de solliciter l'aumône d'une prière.

Daignez agréer, Monsieur le Curé, l'expression de tous mes respectueux sentiments.

MARCELLE-MARIE C...,

E. de M.

CHAPITRE VII

La Procession

AUX

Flambeaux

I

LE LAC DE FEU

Pour achever, pour couronner notre journée à Lourdes, il nous reste à suivre la procession aux flambeaux. Certes, grandiose cérémonie, disons plutôt éclatante apothéose !

⁂

Au ciel, nouveau décor : un velours d'un bleu sombre criblé d'un infinité de diamants, et sur terre, les envahissantes ténèbres avec leur caractère toujours mystérieux, et un zéphyr, tiède haleine, qui se dégage de leurs flancs imbibés de fraîcheur.

*
* *

L'innombrable essaim, éparpillé un instant sur les divers points de l'hospitalière cité, s'envole une dernière fois vers la mystique ruche. Là est l'incomparable Reine qu'il faut entourer et acclamer derechef; oh! toujours à outrance, avec un frénétique zèle et dans un suprême effort.

De tous les quartiers, de toutes les rues, de toutes les places, des amoncellements humains, marchant à travers carrefours, esplanades et avenues, recueillis et haletants de hâte.

La Grotte est toute braisillante d'une cire qu'on attise dans les grands prix, allez; elle est l'attraction, la hantise de tous.

*
* *

On se range au pied de la grille, et jusqu'au quai, avec reflux en amont et en aval, dans toute l'étendue des places qui s'avoisinent, avec quelle ampleur, on le sait. Aux abords de la roche, l'entassement est tel qu'on étouffe comme dans un étau.

Chacun est muni d'un cierge enveloppé d'un papier blanc roulé en forme de cornet, portant en bleu l'effigie de l'Immaculée.

L'horloge de la Basilique tinte huit coups impatiemment attendus.

***

C'est le signal ;

Çà et là quelques étincelles percent subitement dans l'ébène de la nuit ; à ces lucioles succèdent bientôt des ïlots d'étoiles ; et certes, non sans une certaine soudaineté, nous en sommes à un lac de feu.

C'est, en quelque sorte, le rappel du jour échappé ; c'est bien toujours un reflet d'aurore, à stupéfier ceux-là même qui en sont, tout à la fois, les témoins et les acteurs.

II

DÉFERLAGE ET RESSAC

Aux vives et fantastiques clartés, s'ajoute la mélopée populaire, si admirablement mise en relief dans le cantique au ravissant refrain connu. C'est une houle d'harmonie.

Le Gave tout ahuri, croirait-on, impose le silence à ses frémissantes ondes ; et les hautes cimes, en saisissants accords, en rejettent au loin, à travers les vastes couches sonores, un écho recueilli par les anges, et porté sur leurs ailes d'or jusqu'à introduction dans les sacrés parvis.

*
* *

Mais, patience, nous n'en sommes qu'à un début.

Les bannières s'agitent, suivies par les diverses paroisses et régions qu'elles représentent.

Du lac incandescent, se détache un double filet doré qui, lui aussi, crayonne la nuit dans l'oblique d'une pente abrupte; c'est bientôt l'escalade complète du coteau boisé, dans un parfait zig-zag, décrivant la figure, et donnant la lueur du trait fulgurant, que produit la nue chargée de l'électrique fluide.

* * *

Là, s'arrête la comparaison, car, la raie lumineuse, dont nous avons admiré l'ascension lente et sereine, se complaît dans une immobilité relative; et, dédaignant, d'autre part, la voix tonitruante, s'entoure de mille harmonies toutes endiguées dans le rythme exclusif de l'obsédant : « *Ave, ave, ave Maria.* »

* * *

Sans doute, il y a l'inévitable heurt des groupements choristes, diversement espacés et en marche, — quelque chose, si on le veut, du déferlage et du ressac des vagues.

Mais, quelle note d'ensemble, et combien elle dit bien l'étendue et la puissance d'une mer démontée, sous le souffle d'un enivrant et saint enthousiasme!

III

AU CIEL MOINS D'ÉTOILES

Les flots de lumière iront s'épandre, en solennelle majesté, suivant la déclivité de l'une des rampes d'accès, et le long des allées à la pelouse centrale, que l'on voit se boucler par delà la croix des Bretons.

— *In hoc signo vinces !* — Celle-ci, la croix des Bretons, apparaît également toute brillante sur cet immense champ à célestes évolutions ; et, non moins ruisselante de feux, la statue de l'Immaculée qui fait face à l'esplanade du Rosaire.

La Vierge couronnée montre son doux sourire, auréolée d'un diadème d'étoiles, tandis qu'à ses côtés montent, en un gracieux contour, deux gerbes de fleurs blanches et roses aux pétales de flammes.

*
* *

Mais, ne dépassons pas le chevet de la Basilique, sans plonger un dernier regard là-bas, sur cette rive gauche, tout à l'heure successivement lieu de rendez-vous et point de départ. Voyez, c'est tout un fourmillement d'astres, une ondulation d'étincelles, le frémissement impatient de petites vagues vivement phosphorescentes.

Et quelle immense clameur dans le chant de cette masse encore immobile et compacte, monstrueux noyau qui se déroule, se déroule sans fin, dans une régularité forcément lente, il est vrai, et qui demandera plus d'une heure pour l'entier évanouissement.

*
* *

Doublons la chapelle, cela dit en style de marine; c'est décidément la marche des étoiles, marche rythmique, grandiose, triomphale, inondant, de mille clartés, la façade de la Basilique et son balcon, l'entrée de la crypte; dessinant les mille lignes architecturales de la coupole, accusant la courbe des rampes et la dentelle des balustrades, et non moins l'orbe du Rosaire.

*
* *

Le glissement de la nappe de feu n'a pas un moment d'arrêt; l'embrasement est général; il s'est étendu aux deux allées parallèles, dont on voit la marche contraire des rayonnants falots.

*
* *

Le tableau est féerique : une voie lactée est sans doute tombée par là. Au ciel moins d'étoiles.

Et puis, et surtout, elles sont moins vibrantes. Si bien que je plaindrais, de toute mon âme, le spectateur qui, placé sur la hauteur du Calvaire, serait appelé à se prononcer entre les deux firmaments, celui d'en haut et celui d'en bas.

*
* *

Un effet de l'art à signaler, et pour beaucoup

12

passé inaperçu : toujours du même point d'observation, c'est la rutilante coulée représentant un ostensoir, dont le pied est dessiné par les rampes, la tige par les deux allées, et l'hostie par la pelouse ronde qui les couronne.

*
* *

Sur ce plus favorable théâtre, au milieu du riche décor des trente mille cierges, à la flavescente flamme, se fait sentir un puissant regain dans la vibration des voix, plus facilement mises en émulation.

*
* *

L'enthousiasme est à son comble.

Ah ! nous sommes loin de toute idée de malaise, de toute idée d'affliction ; ce n'est pas un peuple, c'est une cour royale en parade ; ce ne sont plus de simples mortels, ce sont des élus nimbés de gloire, déambulant sous le péristyle de la céleste Sion.

En tout cas, les âmes sont visiblement en fête ; et chaque front reflète l'image du plus extatique bonheur.

IV

L'AMÈRE DOULEUR D'UN PÈLERINAGE EN PARTANCE

Un groupe fait ombre dans l'éblouissant coloris du tableau ; on le dirait aux travaux forcés ; tenu hors de la fête, à l'extrémité du jardin ; rejeté tout contre la barrière, vers le Pont Neuf.

Là, les poings se serrent, les figures grimacent, les larmes jaillissent des yeux, larmes de rage, semblerait-on croire. Le flambeau ne brille pas à leur main ; aussi bien traînent-ils en revanche une valise ou un sac de voyage.

*
* *

Examinons cependant de plus près, et ne jugeons

pas au pied levé, pour ne pas nous laisser induire en erreur. C'est qu'à la vérité nous pourrions bien nous être mépris ; et de fait, il n'est pas si certain que nous ayons affaire avec des mécréants venus là pour nous narguer.

Et si nous nous trouvions, tout uniment, en présence d'un pénible départ et de réels adieux au poignant mutisme ? car quitter Marie, c'est quitter une Mère, et quelle Mère ! Quitter Lourdes... c'est tomber du troisième ciel.

Ah, voilà bien, pensons-nous, les motifs à si farouche tristesse. Heureusement que pour notre plus grande édification et notre entière joie, toutes choses ultérieures viennent nous confirmer dans l'optimisme de notre dernière hypothèse.

Et, voilà bien, en effet, que, se trouvant enfin en nombre, (quelques 500 environ) autour du prêtre à la haute silhouette, entrevue déjà bien des fois en pareille fonction de Directeur zélé, leur rageuse douleur se dissipe, comme par enchantement, dans l'éclatante fanfare de leurs plus beaux cantiques.

Le plus harmonieux, et peut-être le plus célestement berceur, est bien celui dont nous n'hésitons pas à reproduire l'entier refrain :

Gardo ta famillo,	Gardo ta famillo,
Sen dé pécadous ;	Gardo tous pitchous,
Mais tu sios la Fillo	Tu qué sios la Fillo
D'un Diouspiétadous.	D'un Dious piétadous.

*
* *

Le lion blessé se redresse, il fait l'étonnement et l'admiration de tous.

Des flots de fidèles se rappellent les pieuses strophes, pour s'en être délectés, sur l'esplanade de la Grotte et ailleurs ; et des milliers de voix, de rechef conquises, les font retentir incontinent, ou les imposent tout autour.

D'autres ne trouvent pas mieux que de déserter leurs rangs, pour venir se joindre à la sérénade du Quercy-Rouergue en partance.

*
* *

La procession en est à son apogée ; il y a plus que les cierges qui brûlent, les illuminations embrasent l'ensemble du complexe monument : façades, dôme, tympan, balustrades, balcons, toutes saillies, toutes lignes architecturales, tout est baigné de la plus éblouissante lumière.

Et la gracieuse et svelte flêche, qui nous apparaît toute flamboyante, et aérienne à ne pas toucher terre !...

* * *

Le pélerinage de Saint-Antonin (diocèse de Montauban), tant vaut décliner son nom, puisqu'il est arrivé à nos oreilles, en est à ses dernières minutes d'ivresse.

Mais, déjà, pour lui, la vapeur est sous pression, et toute une ligne de wagons, retirés des voies de garage, stationnent, le long du quai d'embarquement :

Pèlerins hypnotisés, c'est le moment d'opérer une rapide retraite.

* * *

Les yeux, anxieusement fixés sur la Basilique, dans sa vaporeuse toilette de coruscantes flammes, implorent une dernière faveur ; les fronts esquissent un suprême adieu, et les lèvres le murmurent.

Miracle ! la divine Vierge semble y répondre, et ostensiblement cette fois, car, de ses mains bénignes, s'échappent des flots de grâce, sous la figure de projections électriques, qui vont s'irradiant en colonnes multiples, et planent, avec un air de riante souveraineté, sur la ville émue et la foule en pieux délire.

*
* *

On s'éloigne, puisqu'il le faut, ou plutôt on fait de généreux efforts, couronnés de bien petits succès.

Ah ! ils réalisent la parole de leur félibre gascon :

Pér té béiré loungtemps, aprèp t'abé quittado,
Douçomen partiren, marchén de réculous.

C'est du reste, la seule pensée de l' « au revoir », qui peut consoler les trop attristés partants. Aussi bien, dans le cœur de tous, sont gravées ces paroles :

Mais tournarén l'an qué bé, bouno May,
Oui, tournarén l'an qué bé, ça Diou play.

*
* *

Heureusement que le boulevard, en interposant son rideau de massives constructions, vint interrompre, et fort à propos, la série des interminables saluts ; les regards ne pouvant plus rien espérer en arrière, laissèrent enfin prendre au pas sa marche normale,

Et, bientôt même, ce fut chez tous la fièvre locomotrice, lorsque, surtout, aux abords de la gare, il fallut entendre le cri strident des machines : si on allait manquer le train !... Et, de fait, quelques instants à peine séparaient des dix heures assignées pour le départ.

*
* *

Nonobstant, chacun put, en temps opportun, s'installer dans son compartiment ; et la bête noire, à la gueule de feu, aux reins cerclés de fer, au panache fait de fumée, — la machine en un mot, la lourde et puissante machine, — s'ébranlait haletante, et ne tardait pas, féroce, à trouer les ténèbres de la nuit, et à dévorer les trois cents kilomètres livrés à son ardeur.

V

C'EST LA ON L'AVOUERA LE TOURNOIEMENT DES GRANDS ABÎMES

Mais, nos yeux, un instant distraits par l'incident qui vient d'être narré, reportons-les, il en est temps, vers l'ineffable spectacle qui nous tient en haleine, depuis bientôt deux heures, et qui va toujours grandissant, ainsi qu'un fleuve dans le déroulement de ses étapes vers son estuaire.

Et la marche processionnelle se poursuit intarrissable; des hauteurs du cap doublé de la Basilique, de nouvelles étoiles ne cessent de poindre, et de nouveaux cantiques ne cessent de sourdre, au fond de ce petit lointain.

*
* *

Vite, vite, sur l'esplanade du Rosaire !

Et qu'elle éveille bien en nous une idée approchante de ces falaises destinées par la nature à supporter, sans fléchir, les incessants paquets d'eau salée, lancés, avec rudesse, par un Océan en continuel courroux. Elle est déjà inondée, à regorger presque sur ses spacieux abords.

Mais, qu'à cela ne tienne, ses flots sont susceptibles d'une densité à un degré autrement intense. Par une description de quelques instants rétrospective, saisissons, si possible, — le plaisir n'en sera pas banal, — la formation de cette cohue décrivant un mouvement de rotation, à peine perceptible, du côté de son noyau devenu compacte.

*
* *

La tête du cortège atteint une place, à peu de chose près déserte, et la double haie luciférante décrit un immense circuit, en conformité à l'entière périphérie, et poursuit indéfiniment en spirale concentrique.

Les cercles s'ajoutent aux cercles, s'enveloppent, se resserrent, se collent à s'immobiliser, jusqu'à former bientôt un moyeu, sans le moindre interstice, qui, s'étendant comme une tache d'huile, se hâte d'absorber l'entière arène.

C'est là, on l'avouera, le tournoiement des grands abîmes.

VI

HARMONIE IMMENSE COMME UNE MER ET PUISSANTE COMME UNE CATARACTE

Les voix ne sont pas restées davantage en plus grand éparpillement : elles ne forment plus qu'un faisceau. C'est le groupement global de la Grotte reconstitué et bien joliment embelli et augmenté.

Les âmes, les cœurs sont remplis d'un délire céleste ; et vibrante, à l'avenant, la lyre humaine.

*
* *

Phénonmène à constater : à Lourdes, on devient musicien et chanteur, si on ne l'est déjà ; ni le sexe, ni l'âge ne peuvent en rien échapper à cette loi véritablement pour tous inéluctable.

Et là, encore, les cordes vocales ne se relâchent pas, qu'au contraire elles s'exaltent, en raison de la continuité de l'exercice ; et l'eau glacée qui, ailleurs, est si fatale aux gorges, ne sert ici que pour ajouter à l'endurance d'une sonorité à toute épreuve.

* * *

Jugez du magique effet de la mugissante chorale ; jugez de l'éclat des clairons et des trompettes, des fanfares et diverses musiques noyées dans l'enthousiaste clameur ; et cela au milieu d'une nuit tout béatement en extase, et sous les flots d'un étincellement à la rutilance richement phosphorescente.

Et puis, quelle précision dans une mesure unique, transmise de distance en distance, par les dilettanti, dont le mouvement suit le regard. Deux mots pour traduire cette harmonie, immense comme une mer et puissante comme une cataracte : *fortiter et suaviter* ; force et suavité quand même.

*
* *

Ah, cette humanité chantante ne touchait plus l'orbe terrestre, elle était ravie bien au-dessus de la vallée de larmes; elle planait bien haut dans l'éthéré séjour.

*
* *

Lourdes, si tu n'es pas le ciel, tu nous en fais goûter les charmes.

CHAPITRE VIII

Lourdes
École
de Croyance

I

L'EXPLOSION DU CREDO

Jusqu'ici, c'était surtout le cœur qui avait parlé, la tête allait avoir son tour. Et cette journée, si réellement ployante, sous le faste de ses cérémonies, devait se clore par un acte d'une souveraine majesté.

Le moyen âge nous montre tel et tel lutrin honoré du concours effectif de grands princes et de grands rois ; ainsi un Charlemagne.

*
* *

Quel nouveau triomphe pour la grave et solennelle note liturgique ! s'exhalant, en quelle puissance! de 20.000, de 30.000 poitrines, dans l'exécution du *Credo* bien des fois séculaire; sur quel théâtre? on le sait : encore sous la simple calotte du ciel, dans une nuit profonde, mystérieuse, ineffablement sereine.

Ce n'était pas un chant, c'était une explosion; l'explosion d'une croyance qui s'affirme hautement; d'une tendresse aussi démesurément grande, comme son immense objet.

*
* *

La Foi est la pierre angulaire, le roc inébranlable, la base de tout sentiment religieux, le fond de toute piété, de toute existence morale.

C'est l'ancre qui assure la fixité au milieu des tempêtes; la boussole qui affranchit de toutes les incertitudes du chemin assombri; le phare qui dirige à travers les écueils, et conduit sûrement au port.

*
* *

“ *Credo, Domine, sed adjuva incredulitatem meam* ”

*
* *

Mais, qui n'a à craindre pour cette flamme si facilement vacillante ? Qui ne voudrait la voir s'augmenter, s'affermir; et de plus, qui ne la désirerait à l'abri de toute surprise et de tout souffle malin ?

*
* *

Pour beaucoup, la présence à Lourdes n'a pas d'autre fin immédiate : confier cette infiniment précieuse étincelle, germe d'un si vaste avenir, à l'un des plis protecteurs du manteau virginal de Marie.

Et de là, aussi, cette manifestation finale qui éclate dans les voix, comme elle sussurre dans les esprits, et qui est destinée à appeler dans les âmes, de la part du ciel, une sanction en quelque sorte à jamais immuable.

*
* *

Credo : nous croyons avec les Patriarches.

.... nous croyons avec les Prophètes.

.... nous croyons avec les Apôtres.

.... nous croyons avec les glorieux Martyrs.

.... nous croyons avec les Confesseurs.

.... nous croyons avec les Vierges.

.... nous croyons avec les dix-neuf siècles déjà écoulés.

*
* *

.... Nous croyons en un seul Dieu, Eternelle Sagesse; en un Dieu, principe et fin de toutes choses; en un Dieu, Créateur, Providence.

Nous croyons à la Trinité-Sainte.

Nous croyons à l'élévation et au rachat par la grâce et le Calvaire.

*
* *

Nous croyons à une affinité divine résultant de l'Incarnation du Verbe.

Nous croyons au rôle divin de l'Eglise; au privilège unique de la Vierge Marie.

Nous croyons à l'au-delà céleste, à la vie sans fin, au bonheur pur et sans limites.

II

LA SCIENCE ET LA FOI

Croire, c'est garder une nature d'enfant.

Croire, c'est reposer une tête confiante dans le giron de notre Mère, la Sainte Eglise.

Croire, c'est sucer le lait de la Vérité, à toutes les époques de la vie.

Croire, c'est voir la récompense suprême, à côté de la minuscule épreuve du moment.

*
* *

La Science, nul ne l'ignore, est chose glorieuse et belle, et la source de bien légitimes joies ; et cependant, combien inabordable et ingrate pour le grand nombre ; combien sujette à caution, et parfois combien contradictoire ; combien vaine et fluide, souvent... et toujours.

Aussi, profondes les rides qu'elle imprime sur les fronts, et âpres les blessures dont elle fait saigner les cœurs. Des voix autorisées ont pu le dire, et à bon droit : « la Science a fait faillite à toutes ses promesses. »

*
* *

Croire, ce n'est pas un acte de compréhension ordinaire, une application de méthode ; c'est infiniment plus délicat, infiniment plus précieux et plus doux ;

Croire, c'est d'une suavité à nulle autre pareille ; croire, c'est faire partie déjà de la famille céleste ; c'est rentrer dans ses conseils, et jouir de son entendement et de ses vues.

*
* *

Pareils, les sublimes aperçus d'un Brunetière. Conquis par la Foi, en pleine maturité du talent et de l'âge, l'éminent académicien crie, à qui veut l'entendre, le charme de ses chaînes, et avec quelle onction et quelle éloquence !

Laissant éclater l'enthousiasme qui l'étreint :

« Ce que je crois ? allez le demander à Rome ! »

*
* *

C'est-à-dire : la Foi, je l'accepte dans son intégralité, sans aucun souci de tri, toute formée ; telle qu'elle existe en celui qui en a le dépôt sacré ; telle qu'elle lui vient de la tradition des siècles ; telle qu'elle coula de la bouche d'un Dieu.

*
* *

Et la foi d'un Brunetière est celle d'un Coppée, est celle d'un Pasteur. *Justitia et pax osculatæ sunt*, et aussi la vraie Science et la Foi.

III

LA FOI PRÉCIEUSE POUR LES INDIVIDUS NE L'EST PAS MOINS POUR LES NATIONS

Je considère comme une bonne fortune de trouver sous mes yeux, en cet instant précis, le discours d'un homme à qui fut donné le génie, et dont la gloire poétique, dans sa plus large acception, a rempli une notable partie du siècle éteint d'hier, j'ai nommé Victor Hugo.

« Voici sa profession de Foi, du haut de la tribune, à l'assemblée législative, le 15 Janvier 1850. Ces paroles, prononcées il y a dix lustres, comme elles s'adaptent, en toute justesse, aux besoins de notre propre époque :

*
* *

« Loin que je veuille proscrire l'enseignement religieux, je le crois plus nécessaire que jamais, aujourd'hui. Plus l'homme grandit, plus il doit croire. Il y a un malheur dans notre temps, je dirai presque, il n'y a qu'un malheur, c'est une certaine tendance à tout mettre dans cette vie.

*
* *

En donnant à l'homme, pour fin et pour but, la vie terrestre, la vie matérielle, on aggrave toutes les misères par la négation qui est au bout ; on ajoute à l'écrasement des malheureux, le poids insupportable du néant ; et, de ce qui n'est que la souffrance, c'est-à-dire une loi de Dieu, on fait le désespoir.

« De là, de profondes convulsions sociales.

*
* *

« Messieurs, certes, je suis de ceux qui veulent, je ne dis pas avec sincérité, le mot est trop faible, je veux avec une inexprimable ardeur, et par tous les moyens possibles, améliorer, dans cette vie, le sort matériel de ceux qui souffrent ; mais je n'oublie pas que la première des améliorations, c'est leur donner l'espérance.

« Combien s'amoindrissent les misères, bornées, limitées, finies après tout, quand il s'y mêle une espérance infinie.

*
* *

« Notre devoir à nous tous, législateurs ou évêques, prêtres ou écrivains, publicistes ou philosophes, notre devoir à tous, c'est de dépenser, de prodiguer, sous toutes les formes, toute l'énergie sociale, pour combattre et détruire la misère, et en même temps de faire lever toutes les têtes vers le ciel. C'est de diriger toutes les âmes, c'est de tourner toutes les attentes, vers une vie ultérieure, où justice sera faite, où justice sera rendue.

*
* *

« Messieurs, quant à moi, j'y crois profondément à ce monde meilleur, et je le déclare ici, c'est la suprême certitude de ma raison, comme c'est la suprême joie de mon âme.

« Je veux donc sincèrement, je dis plus, je veux

ardemment l'enseignement religieux, mais l'enseignement de l'Eglise. »

TOUJOURS pour étayer la même thèse, nous évoquons une autorité encore bien autrement supérieure, et une intelligence non moins géniale. Nous empruntons ces mots typiques à l'admirable encyclique " Tametsi futura ", elle aussi, due à la plume féconde du nonagénaire au cœur et à la tête infatigablement jeunes :

*
* *

Supprimer, avec Dieu, la sanction du bien et du mal, c'est fatalement dépouiller les lois de leur autorité la plus essentielle, c'est ruiner la justice, et briser par là deux liens les plus solides et les plus nécessaires de toute la société. De même, enlever aux âmes l'espérance et l'attente des biens éternels, c'est fatalement allumer en elles la soif des biens terrestres, et exciter chacun à en accaparer violemment, autant que ses forces le lui permettront.

*
* *

« De là les rivalités, l'envie, la haine ; de là les ténébreuses machinations, la prétention de renverser tout pouvoir, de là encore des plans insensés de ruine générale. Plus de paix au dehors, plus de sécurité au-dedans : c'est le bouleversement de la vie sociale par tous les crimes ! »

Lourdes est une fête pour le cœur ; Lourdes, il est important de nous le rappeler, est aussi une école de croyance, au contact de ses miracles, et de ses édifiantes manifestations.

CHAPITRE IX

Lourdes

ET SA

Supériorité

I

LOURDES NE CRAINT AUCUNE COMPARAISON EN LA CITÉ DE MARIE NOUS REVIVONS LES BIBLIQUES ÉPOQUES D'UNE JÉRUSALEM

LOURDES, quel lieu béni ! Quelle splendeur de site ! quelle merveille de monuments ! quelles foules ! quel déploiement de cérémonies ! quel éclat de cantiques et de prières ! quelles palpables preuves du Divin en communication avec le créé !

Aussi, les étranges, les audacieuses, et même les extravagantes comparaisons qui se font jour dans nos esprits ! Jusqu'aux plus fantasques rapprochements dont on ne peut se défendre.

*
* *

Et, en effet, Lourdes nous apparaît, dans son ensemble, comme une beauté surhumaine, idéale, comme un prodige à tel point éblouissant, qu'il nous semble permis de faire appel à la fois au profane et au sacré, au moderne comme à l'antique, pour le voir, quand même, émerger, dominateur, au-dessus de tout, avec une supériorité aveuglante.

A nos conclusions cependant de ne pas prendre un ton trop absolu ; en certaines matières, un relatif étant de très heureuse mise.

A Lourdes le titre de Sion. La chapelle de Massabielle n'est-elle pas la citadelle par excellence, bâtie sur le roc, et commandant, en rempart formidable, contre l'enfer et ses satanés suppôts ?

*
* *

Tour de David, Tour d'ivoire, Porte du Ciel,

Maison d'or, Arche d'alliance. — Où, mieux qu'ici, ces gracieuses appellations pourraient-elles trouver leur application ? Ne reviennent-elles pas, tout naturellement, au temple qui s'est érigé sur les ordres de la Vierge Marie, et qu'elle remplit de sa gloire ?...

A Lourdes de résumer les divers points de la Palestine, plus particulièrement illustrés par les pas du Sauveur et notamment Bethléem, le Thabor, Jérusalem, la ville des prophètes.

Bethléem ! Mais la naissance eucharistique de Notre-Seigneur s'y multiplie parfois par milliers, durant ce seul espace de temps qui s'écoule de minuit à midi !

Et, aux nouvelles crèches, combien de bergers, combien de Mages ! car, aux simples fidèles se joignent les personnes de marque : évêques, princes séculiers et princes de l'Église aux épaules chargées de pourpre.

*
* *

Le Thabor. — Mais, à Lourdes, c'est une transfiguration, universelle et constante, des pèlerins jetés dans l'extase ; et c'est l'éternel écho de la parole ravie des trois privilégiés : " Seigneur, nous sommes bien ici, dressons y trois tentes. "

*
* *

Lourdes, une nouvelle Jérusalem, par le grandiose de son temple, qui ne le cède pas en magnificence, à celui bâti par la magnificence elle-même qu'incàrnait Salomon, et dont les assises s'élevaient sous les yeux jaloux de Jéhovah en personne.

Jérusalem avait sa piscine probatique. Lourdes a aussi ses piscines et sa fontaine miraculeuses ; et ce dernier terrain, combien encore plus fertile en prodiges !

*
* *

Une fois tous les ans, à l'époque des Azymes, Jérusalem voyait accourir sous ses ailes, ses nombreux enfants épars sur son territoire, et ceux encore mêlés aux nations voisines. — A Lourdes quelles légions de pèlerins, survenant des confins extrêmes de l'universalité des plages.

*
* *

Le jour des Rameaux fut l'unique jour donné en triomphe à Jésus-Christ. A Lourdes, " l'Hosanna Filio David " est incessant ; en toute vérité, il s'éternise dans son ambiante atmosphère de ferveur et de Foi.

Et ici, également, les boiteux marchent, les aveugles voient, les sourds entendent, et les paralytiques se redressent et agissent en toute souplesse.

II

L'HISTOIRE RECONNAIT AU TEMPLE DE DELPHES UN MONSTRUEUX AMAS DE TRÉSORS — LOURDES NE SAURAIT LE CÉDER MÊME SUR CE TERRAIN

MAIS, vite une incursion dans le domaine de la gentillité. Empruntons à Justin, l'historien connu, la courte notice que voici :

*
* *

« Le temple d'Apollon, à Delphes, est situé sur un roc du mont Parnasse, escarpé de tous côtés, où le concours du peuple, que la majesté du lieu y attire, forma une ville.

« Le temple et la cité sont défendus non par des murailles, mais par des précipices. Les fortifications y sont l'ouvrage de la Nature et non celui de l'art, en sorte qu'on y est autant frappé de l'étonnante situation du lieu que de la présence de la divinité.

*
* *

« Le milieu du roc s'enfonce en forme de théâtre ; mais, s'il arrive qu'on y élève la voix ou qu'on y sonne de la trompette, les différents rochers, en se renvoyant les sons, les multiplient et les rendent plus forts. Ceux qui ignorent la cause physique de ces phénomènes sont étonnés et pénétrés d'une frayeur religieuse.

*
* *

« Dans la sinuosité du roc, vers le milieu de la hauteur de la montagne, il y a une petite plaine où paraît un trou profond ; de là sortent les oracles.

« Il s'en élève une vapeur froide qui, chassée en haut par une force inconnue, une espèce de vent, qui trouble l'esprit des devins, et les réduit à rendre les réponses du dieu qui les agite.

« On voit, là, quantité de riches présents votifs faits par les rois et par les peuples, monuments magnifiques des réponses de l'oracle et de la reconnaissance de ceux qui les ont reçus. »

Ainsi parle un païen d'un temple païen.

Que ce temple fût colossalement riche, c'est le seul point qu'il nous plaise d'envisager.

Une nouvelle preuve, nous la trouverions dans l'un des exploits de nos fiers ancêtres, les Gaulois, et qu'il faut rapporter à l'an 279 avant Jésus-Christ. Vainqueurs de la Macédoine et d'une partie de la Grèce, il leur fallut encore voler les dieux.

A la vérité, peu échappèrent au désastre général qui suivit le pillage du lieu réputé sacré. Cependant, quelques guerriers Tectosages purent gagner la Gaule transalpine et enrichir *Tolosa* (Toulouse) de leurs dépouilles opimes.

QUI ne connaît les richesses de Lourdes ?... elles sont incomparables ; nous en avons parlé avec une suffisante insistance dans l'une des premières pages :

*
* *

Ampleur du monument, ou plutôt des monuments, avec leurs satellites gravitant tout autour, dans une attitude de royale vassalité ! Et les larges espacements si heureusement utilisés en places, esplanades, avenue, allées et jardins.

*
* *

Richesses des matériaux : granit de choix, marbres, or, argent, pierres précieuses, satin, soiries, velours, etc...

*
* *

Richesses artistiques de tous ordres et du plus grand prix, — nous en avons laissé entrevoir quelque chose.

Richesses des mille et mille ex-voto...

*
* *

Parfois, — et la constatation vient d'en être faite — les païens eux-mêmes savent donner à leurs dieux; mais, combien distancés par les chrétiens en général, par les dévots de Marie en particulier, par les dévots surtout de Lourdes.

III

TOUT LE MAHOMÉTISME DANS LE PÈLERINAGE A LA VILLE SAINTE — A LOURDES ENCORE LE RECORD DU NOMBRE

Les Mahométans ont leur religion; ils prient dans leurs mosquées; du haut des minarets les imans convoquent les peuples.

Surtout, les foules se font un devoir de donner la visite à leur ville sainte. En caravanes nombreuses, elles accourent des divers points du désert, et — reconnaissons-le — nonobstant les dangers de la peste, qu'on sait sévir dans ces parages, à l'état presque endémique. Aussi bien, peut-on dire que la vie musulmane est toute entière concentrée dans cette ultime dévotion et ce suprême courage.

Eh bien, n'en déplaise aux fanatiques du Coran, même touchant la pure matérialité des masses, mises en mouvement pour les longues étapes au but connu ; même, dis-je, sur ce point particulier, qui est cependant le côté magique de leur médaille, ils ne peuvent prétendre, un instant, et en rien, à tenir le record.

D'autres caravanes accourent à Lourdes, et, certes, des extrémités du Globe, à travers tous continents, par tous océans et mers, pas une fois dans l'année, mais maintes fois, mais tous les jours.

N'allons pas à d'autres rapprochements, la victoire nous serait trop facile ; et d'ailleurs, il en nous convient pas de juxtaposer plus longuement le vrai au faux, l'idéal d'une mysticité céleste à la matérialité bestiale.

IV

OFFICIEUSEMENT LOURDES L'EMPORTE SUR LA VILLE DES PAPES

AURONS-NOUS le courage d'entrer en comparaison avec la cité papale ?... Mais, alors, à quelle conclusion irons-nous nous buter ? A une conclusion, encore évidemment favorable à notre thèse, ainsi l'espérons-nous du moins.

Avant tout, posons-nous bien la question : laquelle des deux villes peut bien l'emporter en dignité ?

*
* *

A Rome ses privilèges incontestables, et officiellement reconnus : elle est la capitale de la catholicité, la ville éternelle ; là, est la chaire de Pierre ; là, trône le vicaire de Jésus-Christ.

Officieusement, — de par la condescendante paternité divine, et l'adhésion trop intéressée de la terre, — Lourdes l'emporte, nous semble-t-il, même sur Rome :

Lourdes résidence royale, qu'a effleuré de son pied virginal, et qu'habite vraiment par la manifestation de sa gloire, et comme en permanente villégiature, la plus gracieuse, la plus bénigne, la plus puissante des Souveraines, Mère d'un Dieu et Mère des hommes.

Aller à Marie, c'est aller à une Reine, c'est donc encore mieux que d'aller même à un Premier Ministre.

V

LOURDES PRÉDOMINE SUR TOUS AUTRES SANCTUAIRES

Nombreux, notamment les pèlerinages de la Vierge, et il est encourageant de constater, que, dans notre seul pays de France, ils atteignent le chiffre de quatorze cent quarante.

Loin de nous la pensée d'en entreprendre une nomenclature quelconque, elle serait vraiment trop longue, et nous sortirions du cadre plus modeste que nous nous sommes tracé.

*
* *

Et cependant, dans l'une de nos pages, qui ne

saurait bien tarder, nous nous laisserons aller au filial orgueil de la citation, en faisant passer, en tableau, les plus célèbres Sanctuaires.

Pour l'instant, et pour établir le principe, trois ou quatre applications nous suffiront pleinement.

*
* *

Qui ne connaît Fourvières ? le Fourvières rajeuni de ces derniers temps, avec sa nouvelle et bien plus imposante enceinte, monument du plus gracieux effet, et de quel décor !

Fourvières, hissé sur l'imposante colline, dont il se fait un fort convenable piédestal ; Fourvières, avec la ruche industrielle par excellence, complaisamment déployée sous ses yeux, et les admirables quais de la Saône et du Rhône, pour ajouter à l'imposant du spectacle.

*
* *

Ce site vaut celui de Montmartre, et les deux valent Notre-Dame de la Garde, si majestueusement entourée des deux ports, du bassin du Frioul, de la mer azurée et de la vaillante cité phocéenne.

En vérité bien loties, les trois premières villes

de France ; et qu'on les voit bien placées sous cette auguste protection ! D'ailleurs, à Paris encore Notre-Dame des Victoires !

⁂

Citons de plus : la Salette, Roc-Amadour, etc. etc. ; et, par exemple, par delà les pyrénées : Montserrat, Notre-Dame del Pilar, cathédrale à dômes multiples.

Tous pèlerinages célèbres, certes, mais tous aussi avec un caractère local, pour répondre aux besoins d'une époque déterminée et d'une région à limites restreintes.

Seul le rayonnement de Lourdes est vraiment mondial. Lourdes, comme la croix, domine le monde, le monde entier. Et, c'est en cela, qu'à Montmartre, le Sacré-Cœur lui-même le cède à la Grotte.

Montmartre est Français, Lourdes est cosmopolite : le Fils peut bien, une fois, s'incliner devant la Mère.

CHAPITRE X

Lourdes

ET

Paris

Une Journée à Lourdes

I

UN RAPPROCHEMENT MÊME AVEC PARIS NE NOUS PARAIT PAS TROP AUDACIEUX

Messieurs, — était-il dit à un groupe de Hollandais, en devoir de boucler leurs malles, — aurez-vous bien le cœur de traverser notre capitale, sans lui consacrer quelques-uns de vos moments ?

— Mais certainement, fut-il répondu par plusieurs ; notre horaire est irrémédiablement arrêté et ne prévoit aucune halte : nous regagnons nos pénates tout d'une traite.

*
* *

— Et cependant, l'exposition... on la dit si intéressante et si belle !

— Oui, sans doute, mais après les spectacles de Lourdes, reste-t-il encore quelque chose à désirer ?

*
* *

Injustes et trop subjectifs, peuvent paraître certains enthousiasmes, nous n'en disconvenons pas. — Serions-nous dans le cas ?...

Ce que nous pouvons certifier, c'est que si paradoxale exclamation, est loin d'être un fait unique, qu'au contraire elle éclate journellement et dans bien des bouches ! Il faut donc qu'il y ait un réel fondement « a parte rei », dirions-nous avec la scolastique.

*
* *

Et puis des goûts et des couleurs on ne discute pas ; *item*, ajouterons-nous, en matière d'esthétique.

Au demeurant, la diversité d'appréciations vient toujours, souvent du moins, de la diversité objective, même lorsqu'on croit opérer autour du même sujet, puisqu'il est donné à chacun de l'envisager sous des aspects différents.

*
* *

Posés ces préambules, nous nous reconnaissons tout droit de mettre en opposition Paris et Lourdes, deux termes disparates, s'il en fut, mais, touchant lesquels, on peut établir quelques rapprochements, et surtout des contrastes.

Mieux que ça, sans ambages, tout bien considéré, nous déclarons qu'ici comme ailleurs, les plus glorieuses palmes reviennent à la ville de l'Immaculée.

II

TABLEAU DE LA REINE DES CAPITALES

Paris, l'antique Lutèce, est incontestablement la reine des capitales, voire la reine du monde, par le nombre, la richesse, l'heureuse disposition de ses monuments et l'irrésistible ascendant de son influence ouverte ou latente, qui fait s'irradier, de ses remparts, toutes les routes de l'univers.

*
* *

Paris, on peut dire qu'il est saturé, pétri de grâce, d'élégance et de grandeur, dans l'amplitude de son giron, au colossal périmètre, englobant, non moins qu'une immense plaine, et des buttes encore par surcroît.

*
* *

Le merveilleux déploiement de ses quais ! Et combien nombreux ses ponts, d'un effet si varié et si décoratif, avec les lampadaires, et les foules qui les surchargent à l'envi.

Dieu ! quelle forêt de palais, de théâtres, de basiliques, et de somptueux hôtels !

*
* *

Et les places, et les grands faubourgs, et les avenues, et les allées, et les ronds-points, et les jardins, et les parcs aux reposants ombrages !

Ici, se dresse un arc de triomphe, portant maintes victoires inscrites sur son front, et les emblêmes des combats et de la gloire.

*
* *

Là, un obélisque chargé d'hiéroglyphes, qui trahissent son origine exotique ; partout des statues de bronze et de marbre, immortalisant d'illustres morts, ou symbolisant des provinces et des villes de la Mère-Patrie.

Et les monumentales fontaines, et les colonnes commémoratives, et les musées et les établissements de tous ordres; et les dômes dorés émergeant avec une douce et sereine ampleur ; et la tour à élancement de trois cent mètres !

*
* *

Et quel mouvement ! par mille voies, et jusque dans les entrailles du sol, chevaux, vapeur et électricité étant autant d'agents de traction, avec applications si diverses !

Oui, quel mouvement de la nuit et du jour ! quelle exubérance de vie, quelle sève follement enfiévrée ; quelle haute mentalité en continuel exercice, le tout coulant à pleins bords, et sur tous les points.

*
* *

C'est là le Paris incomparable, bien unique dans l'entier univers, le Paris aimé des Muses, Patrie de tous les talents et de tous les génies ; le Paris, protecteur de tous les arts et impulseur de toutes les œuvres de l'industrie et du commerce ; le Paris centre de la civilisation, et le grand semeur d'idées.

III

LE PARIS DE L'EXPOSITION

Mais, inclinons vers un autre Paris, le Paris des foules, le Paris des fêtes, mieux, le Paris de l'Exposition.

Faisons appel à une de ses journées de marque, à une de ses soirées plus éminemment féeriques.

Transportons-nous sur le Champ de Mars, au milieu des merveilles glanées dans tous les pays du Globe, au centre des mille et mille attractions si savamment combinées.

Franchissons le pont Alexandre III, fier de ses

quatre gigantesques pylônes, et dont la hardiesse de son arche unique ne le cède qu'à l'élégance et au bien fini de sa remarquable structure, monument mémorable entre tous, destiné à rappeler, aux générations futures, l'alliance de deux grands peuples.

*
* *

Admirable le canal de Paris, figuré par la Seine aux indolentes eaux. Instinctivement l'idée vous vient d'une Venise aux gracieuses gondoles, luxueusement pavoisées, avec éclairage à giorno.

Et nous voyons mille carènes, rapides, comme la flèche, à faire trémousser le fleuve jusqu'en ses limoneuses assises, et à rejeter ses clapoteuses ondes, à travers les rives surmontées de terrasses, et agrémentées de jardins suspendus.

Et les larges berges elles-mêmes sont ruisselantes de mille feux, et tous palais et édifices exhibent, avec orgueil, leurs frontispices royalement couronnés d'étincelants diadèmes.

Les rutilantes illuminations envahissent tout ; elles se nichent dans les arbres, elles brillent à travers la paroi d'un palais de cristal ; elles rampent sur les eaux d'un lac artificiel, parmi les fleurs et les feuilles de nénuphars, et autres plantes pareillement glauques.

*
* *

Mais, avançons encore : nous voici enfin au palais de l'électricité, au palais des fontaines lumineuses. C'est là un éblouissement à nul autre pareil, rien moins qu'une aurore boréale, aux plus intenses et plus magiques effets.

IV

VICTOIRE DE LOURDES SUR LE TERRAIN DES FÊTES

QU'ON se rappelle cependant ce qui a été dit de Lourdes, notamment de la procession aux flambeaux, appelée encore l'apothéose, ou la marche des étoiles.

Eh bien, nous n'hésitons pas à l'affirmer, même à ce point de vue de la matérialité de ces merveilleux embrasements, Lourdes ne le cède que de bien peu à la capitale, et il l'emporte haut la main, — ici, saisie du taureau par les cornes, —

Il l'emporte haut la main, disons-nous, par l'enthousiasme de ses foules, par leur attitude hiératitique, comme aussi par le souvenir pur et impérissable, qui survit parfois, une vie entière, à ces heures qui n'ont rien de commun avec les banalités de notre planète.

Une exposition, c'est, sans doute, la noble émulation de tous les progrès ; elle peut même devenir une religion pour les esprits affinés et vraiment supérieurs et sérieux ;

Religion, alors, à un bien petit noyau d'adhérents, car, pour beaucoup, pour l'ensemble des foules, elle ne dépasse guère la conception d'une kermesse ; elle n'est même, le plus souvent, qu'un objet à badauderie foraine, si encore elle ne dégénère en orgies et en saturnales.

***

Aussi, ces fêtes, grandioses, au-delà de toute expression, par l'ampleur et la magnificence de leur théâtre, ces fêtes manquent-elles totalement d'âme :

Nulle pensée commune, nul ciment mystique, pour arriver à ne faire qu'un bloc, de ces millions d'atomes humains, qui vont roulant, roulant sans cesse, toujours sur eux-mêmes, sans jamais entrer en moindre contact.

*
* *

Les corps se frôlent, que dis-je ? s'entassent, à s'écraser, c'est le mot, — mais les esprits ne restent pas moins murés, et en dehors de toute communication :

Les idiomes peuvent varier, surtout les sentiments, si bien que c'est le " babélisme " au pied même de la tour Eiffel.

*
* *

Et, s'il arrive une fois, par stupéfiante surprise, qu'il s'établisse une certaine communion, — *inter pocula*, autour d'un banquet national, — c'est une communion fermée, communion du petit cénacle des heureux.

Là, est le côté faible dans ces sortes d'agglomérations mondaines et internationales; mais, là aussi, est pour Lourdes sa supériorité sans conteste :

*
* *

“ *Cor unum et anima una* ” un seul cœur et une seule âme. C’est le caractère bien marqué à Lourdes.

A Massabielle, nous connaissons l’identité de sentiment d’Espérance et de Foi ; c’est de plus un lien de Charité, qui rapproche et unit les diverses classes sociales; et c’est encore la Charité, dans les agapes eucharistiques, qui, de tous les participants, fait les membres d’un même corps, dont Jésus-Christ est le Chef.

Le beau spectacle de solidarité, de fraternité chrétienne ! On ne saurait le voir sans s’y associer, et se sentir ému jusqu’aux larmes.

*
* *

Aussi, quelle joie sainte, quelle joie sereine, quelle joie céleste sur tous les traits, miroirs candides des âmes, au cours d’une prière, d’un cantique, d’une cérémonie quelconque.

Oh, ici point d'indifférents, surtout point de gouailleurs; chacun tient un rôle pleinement actif; toutes les âmes exultent et vibrent à l'unisson, sous l'archet prestigieux du Maître invisible et divin.

*
* *

Mais aussi, quelle puissante, quelle ineffable harmonie ! quelle explosion de Foi, de confiance et d'amour! et quelles ovations au Dieu de nos autels! quelles aubades et sérénades à la Vierge « du bel Amour ! »

Et comme tout est à la ravissante extase !

Pareilles solennités cessent d'être de la terre, elles tiennent suavement du ciel ; et ainsi, — et par la noblesse de leur objet, et par leur parfum intime, et par leur intensité, —elles dépassent, et de mille coudées, tout ce qui n'a qu'ùn côté humain.

V

AU RESTE, LOURDES EST A PARIS CE QUE LE GAVE EST A LA SEINE

La Seine est un fleuve aux eaux mystérieuses et sournoises, aux eaux fétides et délétères, et hélas, trop souvent complices du crime !

Qui n'y voit quelque peu symbolisé le Paris qu'elle arrose, le Paris des complots, le Paris aux idées subversives, le Paris des révolutions et des ruines morales ?

* * *

Le Gave, lui, se réclame, et à bon droit, de ses célestes origines, des éclatantes neiges qui lui ont donné le jour, neiges immaculées qui n'ont subi d'autre contact que le baiser du radieux Apollon.

Aussi, durant toût son cours, c'est la pureté cristalline, c'est le chant, c'est l'hymne au Créateur, à travers les cascades et les nombreux ressauts.

* * *

Dès la possession de la vallée à pente régulière, ses ondes se trouvent assagies, mais elles chantonnent encore vaillamment ; et, si nous prêtions une oreille suffisamment attentive, apparemment l'entendrions-nous murmurer, avec l'accent qui lui est propre, une religieuse cantilène ; il ne ferait du reste qu'obéir à l'invitation liturgique : *Benedicite, maria et flumina, Domino.*

* * *

Le torrent n'est-il, pas lui-même, dans la nuance générale du Sanctuaire, qu'il baigne si amoureusement, et en si constante continuité ?

Nous laissant aller à un langage à la forme entièrement didactique, je dis : Lourdes est à Paris comme le Gave est à la Seine.

***

A cette dernière de plus larges bords, une plus grande masse de l'élément liquide ; — à l'autre une plus grande limpidité et un bruissement tenant davantage de l'écho céleste.

***

A Lourdes aussi un ciel plus divinement azuré, et l'air embaumé des montagnes.

— A Paris de plonger, le plus souvent, dans une atmosphère caligisineuse, résultat en partie de l'immonde buée de ses égoûts et de la fumée de ses usines.

***

Paris, il faut encore en faire le pénible aveu, tient, par quelques-unes de ses fibres, de l'antique Babylone.

— Lourdes fait refleurir les époques glorieuses d'une Sion et d'une Jérusalem.

***

Enfin, et pour finir, si, en présence de trop lamentables faits, on se permet parfois de dire que Paris est une des bouches de l'éternelle géhenne, — comme, en revanche, il faut accorder à Lourdes d'être une porte du ciel, ou bien un parvis de l'empyrée séjour !

* * *

Qui pourra bien encore dénier à Lourdes la palme... même sur Paris ?. .

Sans doute, le parallèle ne porte que sur des points tout à fait restreints ; mais enfin, il reste bien avéré que Lourdes l'emporte par l'un de ses éléments céleste, divin, base et couronnement tout à la fois, d'une jubilation générale, intense, ineffable, intime, et à souvenir à jamais délectable.

CHAPITRE XI

Lourdes
ET
la France

Une Journée à Lourdes

I

DE LA, EN SON HONNEUR, UNE MENTION SPÉCIALE

Dans le secret sanctuaire de nos cœurs, nous ne pouvons séparer la France de l'Eglise, — nous ne pouvons davantage la séparer de Lourdes, parcelle glorieuse de son territoire, — du Lourdes des Apparitions, du Lourdes religieux dont elle est une des plus intéressantes bénéficiaires.

De là, en son honneur, — dans les dernières pages de ce livre consacré à l'Immaculée, — une mention spéciale.

*
* *

Oui, une mention au beau et noble Pays, à qui reviennent toutes les richesses du génie, de la race et du sol ; à ce Pays qu'on a vu, de tout temps, se faire le chevaleresque champion des grandes causes humanitaires.

* * *

Un tel peuple ne doit connaître ni décadence, ni trépas.

A la Vierge de Lourdes de le sauver, de tous les écueils, et de ses propres écarts ; elle s'est donné ce rôle, elle saura le remplir ; et c'est le cœur, débordant parfois d'une amère tristesse, mais toujours encore d'une plus grande confiance, que nous ne cesserons de murmurer, aux roches Massabielle ou ailleurs :

« Vierge, notre Espérance,
Etends sur nous ton bras,
Sauve, sauve la France,
Ne l'abandonne pas. »

* * *

Notre chère Patrie traverse, peut-être, à cette heure, une crise non des moins redoutables ; —

raison de plus pour, qu'en barde chrétien, nous chantions, alors, quelque chose de ses anciennes et mâles vertus.

*
* *

En elle, l'atavisme, un jour, réclamera ses droits; et, si le salut ne peut sortir de ses propres entrailles, qu'il vienne au moins du ciel; ou plutôt, qu'il surgisse de Lourdes, car là, constitué de toutes pièces, il nous est offert par la plus gracieuse et la plus puissante des souveraines.

*
* *

Tout est beau dans le Pays de France.

REGNUM GALLIÆ; LA FRANCE

Le voyez-vous ce merveilleux pays, à l'extrémité occidentale du continent européen, dans la zone éminemment tempérée? Et combien naturel et varié le long circuit de ses frontières.

Ici, un bras de mer, à la houle de fond incessante, et qui déferle, le plus souvent, avec une extrême furie, — symbole trop fidèle de l'éternelle division entre les deux rivages, pour le moins en traditionnelle rivalité.

*
* *

Là, l'immense Atlantique, grand champ de manœuvre pour nos flottes et vaisseaux.

*
* *

Plus bas, au pays du soleil, la crête neigeuse des Pyrénées, admirable soudure, qui rattache au continent la péninsule de l'ancienne Ibérie, et dont les gigantesques saillies constituent la longue et pittoresque chaîne, si unanimement courue par tous amateurs et touristes.

* * *

Et la côte dorée, en si gracieux contact avec la nappe d'azur-émeraude du grand lac méditerranéen.

Les sublimes Alpes nous séparent de l'Etat des Apennins et de la confédération helvétique.

* * *

Un grand fleuve, dont les eaux, chargées souvent de glaces, se déversent, avec fracas, dans le sens de la septentrionale plage, devrait, de son côté, continuer et finir l'intangible barrière.

Mais, hélas! nous n'ignorons pas que ce géant torrentueux, le Rhin, — dont le nom autrefois n'offusquait en rien nos oreilles, — nous n'ignorons pas, dis-je, qu'il ne nous est plus permis de l'effleurer, même par un point quelconque de notre territoire... amoindri.

Là, est pour la Mère-Patrie une blessure éternellement béante.

*
* *

Ah, que tout l'effort de nos batailles, que tout le fruit de nos gloires, que toutes les visées de nos diplomaties, n'aient eu pour objet, et exclusivement, — au moins dans le domaine de nos envahissantes conquêtes, — la paisible possession de cette rive gauche, si bien taillée pour faire partie intégrante de notre territoire !

Mais, vive Dieu ! La France a des flancs encore assez larges pour porter le plus grand peuple qui ait apparu au monde.

*
* *

La France ! les grandes montagnes lui servent de barrières, sur divers points de son périmètre ; de sinueuses côtes forment une partie de sa ceinture, ceinture enrichie certes, des plus belles perles : riantes et riches villes, ports de commerce et ports de mer, si agréablement et si heureusement distribués, pour les divers besoins nationaux.

* * *

Les collines, non plus, ne manquent pas, dans son intérieur, quelques-unes même assez imposantes par une altitude peu banale. Les coteaux abondent fertiles et gracieux. Oh, les riantes vallées et les majestueuses plaines !

* * *

Et quel réseau de ruisselets, de rivières et de fleuves. Les magnifiques bassins et les agrestes plateaux !

Les beaux tapis de verdure, les belles frondaisons des forêts et des bois ; et les pampres verts, si décoratifs, sur les penchants ensoleillés ; et un peu partout, les jaunissantes et lourdes moissons.

* * *

L'année s'écoule vite, répartie en quatre saisons bien distinctes ; l'hiver avec quelques frimas, ses gelées et ses neiges. C'est le repos, surtout pour l'infatigable travailleur des champs ; c'est, pour tous, le charme des longues et tièdes soirées, passées autour de l'âtre, sous le manteau familial.

* * *

Le printemps, rarement tardif, nous arrive avec son renouveau d'une luxuriante richesse ; c'est, de tous côtés, l'éclosion des fleurs, sous des rayons solaires, s'épandant, gracieux d'une lumière rajeunie, et riche d'un nouveau calorique à vertu plus fécondante.

* * *

L'été nous comble des épis de Cérès, et nous donne la chanson des cigales.

* * *

L'automne nous distribue une immense variété de fruits, dont quelques-uns prennent régulièrement le chemin de l'exportation.

C'est, aussi, l'époque qui voit les celliers se remplir du vin si généreux, que nous envient les fins gourmets du double hémisphère, et la table même des rois.

Riche à sa surface, la France l'est, jusqu'en ses entrailles, par ses divers minerais, et le stock de ses inépuisables houilles.

Or, aux dons de la Nature viennent s'ajouter les bienfaits d'une civilisation incomparablement supérieure à toutes ses devancières ; civilisation emportant avec elle, et au plus haut degré, la science agronomique, industrielle, commerciale, la culture des arts, et le savoir philosophique et littéraire.

* * *

De larges routes, de profonds canaux, et non moins de voies ferrées, sillonnent ce beau pays constellé de fermes et de châteaux, de bourgs, de villes, et de capitales, celles-ci une trentaine pour le moins.

Les fils conducteurs de la pensée, se promènent, eux aussi, dans toutes les directions, avec les mille autres agencements du stupéfiant Progrès, tenu en continuelle haleine, par le fait même de ses incessants triomphes.

* * *

Et sur ce point minuscule du Globe, une population de trente-huit millions. Oh, rien en cela qui tienne du miracle ! néanmoins, légitimement fiers nous répèterons alors, en présence de l'infériorité du nombre : *non numerantur*...

Car ce peuple de France a une glorieuse histoire :

REMONTANT *ab ovo*, nous rappelons les Celtes, les Gaulois et les Francs ; berceau à triple origine, à triple héritage, aussi.

Encore aux langes, la France eut la bonne fortune de subir le contact d'une grande civilisation prête à s'éteindre, et dont elle devait emporter le secret, pour la faire revivre, après des siècles de laborieuse incubation.

*
* *

Avec Clovis, elle prend les premières allures d'une nation qui se connaît enfin un foyer.

Charlemagne, Louis IX, disent des époques de mâle vertu et de chevaleresque courage.

Henri IV, évoque la bonhomie d'une race affinée.

Louis XIV, la grandeur d'un siècle.

Et un Napoleon Ier, les audaces et les sublimes élans d'un peuple-soldat, aux exploits rien moins qu'homériques.

*
* *

Telle la France, dans ses grands traits présentés en miniature ! *Regnum Galliæ !*

Et vraiment qu'il est beau, qu'il est noble le pays des Jeanne Hachette et des Jeanne d'Arc ; le pays des Bayard, et des Duguesclin, des Condé et des Turenne ; le pays des Richelieu, des Sully, des Bossuet et des Colbert !...

*
* *

Nous ne l'ignorons pas, ni ne voulons le dissimuler : la France eut, à ses heures, ses défaites et ses écrasants désastres ; mais entre temps, à monceaux, elle sut recueillir les lauriers de la gloire, et ailleurs encore que sur les champs de bataille.

D'autre part, si elle a été souvent victorieuse, elle a été toujours clémente, le brutal « *væ victis* », n'ayant jamais été de son tempérament, trop pétri pour cela d'une chevaleresque « franchise ».

La franchise ?... mais elle est de son essence ! et de là l'origine de son nom.

*
* *

Et cet autre caractère ne sera jamais assez mis en relief : c'est que les annales de la France ont toujours été mêlées aux Annales de l'Eglise.

A la France aussi le titre de Fille aînée de l'Eglise ; et, de fait, la première, comme nation, elle arriva à la lumière de l'Evangile, sur le champ de Tolbiac, après l'intervention si manifeste du « Dieu de Clotilde ».

*
* *

Gesta Dei per Francos ! le pays de France est le chevalier de Dieu !

III

GESTA DEI PER FRANCOS

PÉPIN-LE-BREF dote la Papauté d'un territoire, dans le but de la rendre indépendante des peuples qu'elle doit régir.

Charlemagne marchera, à la conquête des âmes, en royal et vaillant missionnaire.

*
* *

Le Saint Sépulcre est profané par l'odieuse présence du musulman :

" Dieu le veut ! Dieu le veut " !

Il fallait un réveil dans les idées religieuses ; il fallait une grande démonstration de Foi ; et cette solennelle manifestation, c'est la France qui la donne, et elle la renouvellera à divers âges, jusqu'à voir s'éteindre, dans une de ses lointaines expéditions, la vie de l'un de ses plus illustres et de ses plus pieux monarques.

*
* *

La France ne s'acquittait, du reste, que d'une dette sacrée.

Amoureusement, l'Eglise l'avait tenue aux fonds baptismaux, et depuis, ses éminents évêques, — tel un Saint-Martin de Tours, un Saint-Hilaire de Poitiers, — l'avaient pétrie de leurs mains ; ou, suivant la classique expression, l'avaient façonnée, ainsi qu'un essaim, un rayon de miel.

*
* *

Qu'on se rappelle l'heure de la plus angoissante épreuve : la France ne tenait guère plus à la vie que par un fil, toute entière confinée, ou à peu de chose près, dans la ville de Bourges... Et, pour la sauver, Dieu suscite une sainte héroïne : par la Pucelle " hors de France tout anglais prestement Il bouta ".

*
* *

Dame, échange de bons procédés, qui iront se continuant jusqu'à nos jours, quoique en disent, et en pensent, certains de nos pessimistes.

Là, est le secret de cette prédominance sans égale, qui a été donnée à un peuple sur tous les autres ; prédominance avant tout morale, et qui devient d'autant plus éclatante, que la nation privilégiée, qui en est investie, se montre davantage fidèle aux devoirs de sa haute mission.

*
* *

Où, plus qu'en France l'épanouissement de la Charité ?....

Où, plus qu'en France l'héroïsme dans le dévouement ?....

Où, plus qu'en France le zèle des écoles chrétiennes ?....

Où, plus que dans notre Pays, la magnificence du décor dans le culte public ?....

*
* *

Mais, tous les sacrifices, toutes les abnégations,

elle ne peut les contenir dans son sein, et nous les voyons déborder jusqu'aux extrémités du Monde.

La France porte haut le denier de Saint-Pierre.

La France paie son large tribut à la Propagation de la Foi, et à la Sainte-Enfance.

*
* *

La France donne plus que son or, elle donne encore le meilleur de son sang, à ces lointaines contrées idolâtres et sauvages, à ces nations " assises à l'ombre de la mort ";

Elle leur donne les plus dévoués de ses religieux, de ses religieuses; elle leur donne de ses oints du Seigneur : Combien beaux les pieds du missionnaire qui va porter au loin la semence de la " Bonne Nouvelle ".

*
* *

Gesta Dei per Francos; c'était vrai, hier ; c'est vrai, aujourd'hui ; oh, souhaitons qu'il n'y ait rien de changé pour l'incertain demain.

Le ciel doit bien encore quelque chose à notre

Patrie ; qu'il se libère en généreux débiteur, et qu'il la protège !

*
* *

Oui, que jamais ne devienne menteuse l'exergue de certaines de nos pièces monétaires, témoignage irrécusable de l'entière confiance de nos aïeux, car, c'est plutôt encore dans un sens *indicatif* qu'*optatif* que la phrase est construite :

« Dieu protège la France. »

IV

REGNUM MARIÆ — LA FRANCE EST LE ROYAUME DE MARIE

OH ! la pensée suavement reposante : la France se donne à Marie, et Marie se donne à la France.

* * *

On racontait à Clovis néophyte le récit dramatique de la Passion ; à un passage plus émouvant, sa main se crispant nerveusement sur sa francisque, un mot typique jaillit de son cœur : « Que n'étais-je là avec mes Francs ! »

* * *

Et cette autre prière à abandon tendrement filial :

« Mon Dieu, fais pour Lahire, ce que tu voudrais que Lahire fit pour toi, si j'étais Dieu et que tu fusses Lahire. »

* * *

Ingénue protestation, ingénue supplique, qui accusent le fond d'une race fait de mysticisme et de rondeur.

Evidemment une telle Nation aime son Dieu ; et, si elle est ainsi dévouée au Fils, en quelle vénération et tendresse ne doit-elle pas tenir la divine Mère !

* * *

Jhésus-Maria ! ces deux noms, nous les trouvons constamment accouplés dans la bouche de nos fiers ancêtres dans les moments difficiles et solennels de la vie.

Leur cri de guerre : Saint-Martin, Saint-Michel, Montjoie-Saint-Denis.

Mais il en est un autre plus magique : Notre-Dame !

*
* *

Recouverts, dès lors, comme d'une armure à invincible effet, le front haut et serein, au milieu même de la mitraille, ils courent, les preux chevaliers, sus à l'ennemi ; et, si ce n'est pas toujours à la victoire, c'est toujours au moins à une mort enviable et glorieuse.

Notre-Dame ! c'est la Dame idéale de leur cœur !

La Dame céleste, dont ils savent n'invoquer jamais en vain la maternelle et puissante intervention.

*
* *

En revanche, au retour de leurs hasardeuses chevauchées, ils lui édifiaient des oratoires, et lui faisaient hommage des dépouilles opimes, et, plus tard, des drapeaux pris sur l'ennemi, sauf à s'entendre proclamer les " tapissiers de Notre-Dame ".

*
* *

De là, l'origine de nos plus célèbres Sanctuaires, dont le sol de France est si richement émaillé ;

oh ! par centaines, que dis-je, par milliers, dans les plaines, sur les coteaux, cachés dans le pli d'un val, attachés au flanc d'un rocher, d'une montagne, au sein des villes, ou perdus dans la profondeur des vastes solitudes.

*
* *

Citons quelques noms, dont l'ensemble constituera un indiscutable argument, en faveur d'une cause déjà entendue et jugée.

*
* *

Notre-Dame des Victoires, à Paris, et N.-D. de la Cité.

N.-D. des Anges, N.-D. Consolatrice, N.-D. de la Grâce, N.-D. des Sept-Douleurs, N.-D. de Séez, N.-D. de Recouvrance aux Tourailles, N.-D. de la Délivrance près de Douvres, N.-D. du Paradis ou du Vœu, N.-D. de Larmor, N.-D. de Toute-Joie, N.-D. de Toutes-Aydes, N.-D. de Langueur, N.-D. de Sainte-Espérance à Pontmain.

*
* *

N.-D. la Riche à Tours, N.-D. du Pilier à Chartres, N.-D. de Toute-Bonté, N.-D. de la Tour de Cordouan.

N.-D. de Verdelais, N.-D. de Bon-Encontre, N.-D. de Peyragude, N.-D. de Roc-Amadour, diocèse de Cahors, N.-D. de Livron, diocèse de Montauban.

*
* *

Notre-Dame d'Err, N.-D. de Font-Romeu, N.-D. de Garaison, N.-D. de Médoux à Asté, N.-D. de Bétharam, N.-D. de la Daurade et de la Dalbade à Toulouse.

*
* *

Notre-Dame de Prouille près Fanjeaux, N.-D. de Belpech, N.-D. de la Drêche près Alby, N.-D. des Alyscamps à Arles, Notre-Dame de la Garde à Marseille, N.-D. des Neiges, N.-D. de la Salette, N.-D. du Puy ou N.-D. de France, N.-D. de Tout-Pouvoir à Clermont.

*
* *

Notre-Dame de Fourvières, N.-D. de Valfleury, N.-D. de Bon-Espoir à Dijon, N.-D. de Bon-Secours à Nancy, N.-D. au Pied d'argent à Toul, N.-D. de Reims, N.-D. de Liesse, N.-D. de l'Epine, près Chalons, N.-D. Auxiliatrice à Langres.

*
* *

Nous étendant aux provinces perdues :

Notre-Dame de Marienthal, Notre-Dame de Strasbourg, Notre-Dame des Trois-Epis, Notre-Dame de Colmar.

*
* *

Et, sur tous ces points, et en maints d'autres, de gracieux pèlerinages, lorsque sonne l'heure des saintes pérégrinations.

Les délicieuses cérémonies et les touchantes *cantates*, car « Marie » s'avance toujours en triomphante Reine, dans un cortège de trouvères et troubadours, et au sein des multitudes qui l'acclament en lui faisant pieusement aubade.

*
* *

Et combien populaire le mois de Marie, dans nos somptueuses villes et dans nos plus modestes bourgs.

Les naïfs et embaumés cantiques ! Un spécimen de gracieuse candeur dans la strophe suivante :

« Vierge Sainte, acceptez ces fleurs,
Et ces guirlandes, et nos cœurs. »

*
* *

Regnum Galliæ, regnum Mariæ !

Et la France qui, à travers tous les âges, a bien été à l'auguste Marie, et à Marie, de fait, et par le fond de ses entrailles, le deviendra encore par acte officiel.

Un jour béni devait voir le Bien-Aimé Louis XIII, — dans tout l'éclat de ses atours royaux, en grand manteau de cérémonie richement fleurdelisé, —

aux pieds de la Madone, lui offrant sa couronne et son épée, et lui consacrant tout son peuple.

*
* *

Scène à jamais mémorable, et que devait immortaliser encore, en la fixant sur la toile fidèle, le pinceau de l'un de nos princes ès-arts (1).

Aurons-nous dure et pénible tâche à prouver que, par réciprocité, Marie n'est pas moins à la France ?

*
* *

Mais déjà l'attachement de l'une implique l'attachement de l'autre. La reconnaissance présuppose

(1) Ingres est le nom du peintre, et son chef-d'œuvre constitue le plus riche joyau, dont puisse s'enorgueillir la cathédrale de Montauban, en la sacristie de laquelle il se trouve placé.

bienfaits et faveurs. La Sainte-Vierge Marie a incliné son bras puissant sur le beau pays des preux Gaulois, et la protection, accordée aux pères, elle l'étend à leur descendance.

*
* *

Aussi bien, pour appuyer cette nouvelle assertion, nous n'en appellerons qu'aux faits récents et tout contemporains.

Marie n'a pas oublié la France et elle s'intéresse à ses destinées.

*
* *

Elle fait des Apparitions... et c'est sur son sol, et ce n'est que là : aujourd'hui à La Salette, demain à Lourdes, et plus tard à Pontmain.

*
* *

A Lourdes ! mais Elle y a installé sa cour ; Elle y étale sa puissance et y multiplie ses prodiges.

Elle y nourrit, il est vrai, un souci, — c'est encore la France qui en est l'objet.

Pénitence ! Pénitence ! Pénitence !

*
* *

Mystérieux avertissement qui eût voulu nous éviter tout malheur.

Oui, la France est l'objet des tendres sollicitudes de la Reine du Ciel : seule, la France l'a pu attirer sur terre ; seule elle a été jugée digne de recevoir le contact de ce pied, qui triompha de l'antique serpent.

*
* *

Lourdes est un lieu éminemment prévilégié, et ses gloires rejaillissent sur la noble Nation.

V

LA DOUBLE PRIÈRE POUR LA PATRIE ET POUR LA CATHOLICITÉ

VIERGE Sainte, n'abandonnez pas le peuple que vous vous êtes choisi.

Hélas ! il a été souvent prévaricateur, mais il est si génereux à votre service, généreux jusque dans ses défaillances.

Aussi, l'avez-vous aimé d'une dilection de choix, comme une mère son Benjamin mille fois préféré.

Vous avez aidé à l'élever sur le pavois.

Oh, que jamais il ne défaille ; et qu'en tout cas,—

et au plus vite, alors, — il réintègre sa place d'honneur, s'il lui arrive de fléchir un instant.

*
* *

Foi, et union ! Ah, que plus que jamais, et inspiré par Vous, il fasse de ces deux mots sa constante devise !

La Foi ! base de toute société, base indéfectible, seule capable, — et, alors, sans qu'il y ait à redouter la moindre oscillation, — de supporter tous droits, tous devoirs et toutes libertés publiques.

*
* *

L'union, de son côté, quelle source féconde de prospérité, d'harmonie, de bonheur, de progrès et de force !

Ah ! que les yeux de tous ne soient-ils dessillés par une vigilance continue et patriotique !

*
* *

Omne regnum, in se divisum, desolabitur.

La division, certes, n'engendre, elle, que ruines et catastrophes... Que la clairvoyance devienne enfin une de nos qualités nationales !...

Et pourquoi ne saurions-nous pas lire dans la malsaine joie de nos pires adversaires ?. . .

Douce Vierge de Bernadette, ne contestez pas un instant la nationalité qui nous est commune, et conséquemment, bien française de fait et de cœur, devenez, s'il le faut un jour, oh, devenez, pour nous, une nouvelle Judith.

Et encore, à l'occasion, interposez-vous, en Esther, auprès du divin Assuérus.

*
* *

En d'autres termes, défendez-nous de nos ennemis, en ramenant la victoire dans les plis de nos trois couleurs, si jamais nous étions acculés, de nouveau, à la meurtrière guerre, dont les fiévreux et continuels apprêts sont déjà une cause de ruine et d'inquiétant énervement.

Et, de plus, préservez-nous des rigueurs célestes, s'il nous advient de les encourir, par l'amoncellement, hélas! de nos crimes publics trop fréquemment répétés.

*
* *

La France est nécessaire à la civilisation, à

l'expansion du Christianisme et à votre gloire ; maintenez-lui ce triple rôle, dont elle peut s'enorgueillir, — et à bon droit, — et qui est, en même temps, la plus claire raison de son existence.

Regnum Galliæ, regnum Mariæ ! les deux causes de la France et de " Marie " ont été trop longtemps inséparablement unies ; qu'elles le restent, à tout jamais !

*
* *

Non, non, la France ne saurait ni périr, ni déchoir, une trop puissante Reine y est intéressée.

Lourdes et Montmartre sont à nous, et dès lors qu'aurions-nous bien à redouter ?....

En clôturant par ces lignes, ce modeste opuscule " Une journée à Lourdes ", entièrement élaboré en l'honneur de l'Immaculée et au profit, avant tout, de notre chère Patrie, il nous plaît, — et nous le trouvons, de plus, utile et équitable — de rappeler le caractère mondial du Sanctuaire de Lourdes ; et, alors, ouvrant notre cœur, grand comme la Charité chrétienne, nous ne voyons plus de frontières.

*
* *

Oui, tous caractères et toutes rivalités de race

disparus, nous n'entrevoyons, dans cette misérable arène du monde, que des frères, issus du même berceau, et cheminant sur la même voie, hélas! pour tous pareillement épineuse mais dont le terme sera, également pour tous, l'immuabilité dans le bonheur parfait.

*
* *

Aussi, obéissant à un irrésistible besoin d'amour, nous disons à la " belle Dame " des roches pyrénéennes :

Monstra te esse Matrem.

*
* *

Pour tous, montrez-vous Mère bonne, Mère tendrement secourable!

Attirez tous les cœurs à votre béni Sanctuaire, pour les réunir, un jour, dans le Royaume aux trônes d'impérissable gloire.

*
* *

Que Lourdes soit pour la Terre entière

Un arc-en-ciel du plus heureux présage,

Une rosée céleste, aux gouttelettes perlées et toujours si précieusement fécondantes,

Une grâce bénigne chargée d'effluves de miséricorde;

En un mot:

UN GAGE DE SALUT, DE BÉNÉDICTION ET DE PAIX.

AU LECTEUR

Nous étions à la fin de la mise en pages de notre livre, lorsque s'est produit le triste accident de Portet, ce qui expliquera comment nous avions pu être aussi fièrement affirmatif, dans l'une des premières pages (1), nulle restriction ne venant enlever au feu de notre enthousiaste gratitude.

Mais aujourd'hui, il nous faut bien reconnaître que l'immunité, qui semblait être attachée, à

(1) Chap. II, paragraphe III et page 80.

jamais, à tout pèlerinage roulant vers Lourdes, reste au moins légèrement atteinte.

*
* *

Bien insondables, dirons-nous, et surtout à certaines heures, les desseins de la Providence !

Et puis, jusque dans la calamité, apparaît une visible protection du Ciel :

Quelle n'eut pas été la catastrophe, si le fourgon, télescopé et réduit littéralement en miettes, eut été aussi bien une voiture de voyageurs ?... Et de quelle étendue le désastre, si l'assaut de la folle machine fut survenu quelques minutes plutôt ou plus tard !....

Heureusement que, durant la manœuvre, la plupart des pelerins avaient abandonné leurs compartiments, pour redonner à leurs jambes, une élasticité qu'elles avaient perdue dans la première étape du voyage :

Il faut bien croire aussi que le Dieu *avide de justice* réclamait des victimes et qu'il voulut les choisir parmi les meilleurs.

*
* *

Les dévots de Marie ne se déconcerteront pas. Pour aller à leur Mère, ils sauraient plutôt braver la souffrance, et voler même à la mort.

TABLE DES MATIÈRES

CHAPITRE III

Lourdes et ses Foules.

CHAPITRE IV

Lourdes et ses Fêtes.

CHAPITRE V

Lourdes et la Procession du Saint-Sacrement

CHAPITRE VI

Lourdes et l'un de ses épisodes

CHAPITRE VII

La procession aux flambeaux

CHAPITRE VIII

Lourdes Ecole de croyance

CHAPITRE IX

Lourdes et sa Supériorité

CHAPITRE X

Lourdes et Paris

CHAPITRE XI

Lourdes et la France

*
* *

TOULOUSE. — IMP. SAINT-CYPRIEN, ALLÉES DE GARONNE, 27.

www.ingramcontent.com/pod-product-compliance
Ingram Content Group UK Ltd.
Pitfield, Milton Keynes, MK11 3LW, UK
UKHW022050260726
13993UKWH00001B/19

9 782019 938475